U0360345

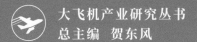

大飞机产业研究丛书

总主编 贺东风

跨国合资合作
商用飞机的经济政治联盟

Alliance Politics and Economics

Multinational Joint Ventures in Commercial Aircraft

【美】大卫·C.莫厄里 / 著

（David C. Mowery）

罗 继 业

黄 垚 翀 /等译

上海交通大学出版社

SHANGHAI JIAO TONG UNIVERSITY PRESS

内容提要

本书通过若干典型案例研究,分析了商用飞机领域普遍开展跨国合资合作的深层次动因。在此基础上,检视了各国政府发展商用飞机产业的战略选择和政策路径,总结了跨国合资企业对美国商用飞机产业的影响,提出了跨国合资企业在组织和管理上的关注点,对美国政府如何应对挑战提出了政策建议。

图书在版编目(CIP)数据

跨国合资合作:商用飞机的经济政治联盟/(美)大卫·C. 莫厄里(David C. Mowery)著;罗继业等译.
—上海:上海交通大学出版社,2022.11
(大飞机产业研究丛书)
书名原文:Alliance Politics and Economics:Multinational Joint Ventures in Commercial Aircraft
ISBN 978 - 7 - 313 - 26922 - 5

Ⅰ. ①跨… Ⅱ. ①大… ②罗… Ⅲ. ①民用飞机-产业发展-研究-美国 Ⅳ. ①F471.165

中国版本图书馆 CIP 数据核字(2022)第 178078 号

Alliance Politics and Economics:Multinational Joint Ventures in Commercial Aircraft
by David C. Mowery
Copyright © AEI Press, Washington，DC，1987
All rights reserved
上海市版权局著作权合同登记号:09 - 2022 - 621

跨国合资合作:商用飞机的经济政治联盟
KUAGUO HEZI HEZUO:SHANGYONG FEIJI DE JINGJI ZHENGZHI LIANMENG

著　　者:[美] 大卫·C. 莫厄里(David C. Mowery)	译　　者:罗继业　黄垚翀 等
出版发行:上海交通大学出版社	地　　址:上海市番禺路 951 号
邮政编码:200030	电　　话:021 - 64071208
印　　制:上海万卷印刷股份有限公司	经　　销:全国新华书店
开　　本:710 mm×1000 mm　1/16	印　　张:13
字　　数:144 千字	
版　　次:2022 年 11 月第 1 版	印　　次:2022 年 11 月第 1 次印刷
书　　号:ISBN 978 - 7 - 313 - 26922 - 5	
定　　价:66.00 元	

丛书编委会

本书译审团队

罗继业　黄垚翀　惠万举　阎　超　王　璠
孔子成　漆　颖　宋　璐　杨　瑾　金　英

总　序

　　飞翔是人类共同的梦想。从中国神话的列子御风、古希腊神话的伊卡洛斯飞天，到圣本笃修会僧人艾尔默的翅膀、明朝万户的火箭，人类始终未能挣脱地面的束缚。20世纪初，美国莱特兄弟驾驶自己制造的飞行者1号飞上天空，第一次实现了重于空气的动力飞行器可操纵、可持续飞行，人类文明一举迈入航空时代。从两次世界大战期间军用飞机大爆发，到和平年代商用飞机大发展，全球航空产业历经百年演进，孕育出大型客机（以下简称"大飞机"①）这一人类工业的皇冠。

　　大飞机的发展，是一部追逐梦想的不懈奋斗史。

　　几个世纪以来，无数科学家、梦想家、实践家用智慧、奋斗、奉献、冒险、牺牲铺就了人类飞天之路。从第一个开展飞行科学研究的达·芬奇，到开创流体动力学的丹尼尔·伯努利，从提出现代飞机布局思想的乔治·凯利，到首次将内燃机作为飞机动力的塞缪尔·兰利，经过前赴

---

　　①　大飞机这一术语并没有严格的定义。在本丛书中，学者们用到了商用飞机、民用飞机、大飞机等术语，商用飞机、民用飞机往往是相对于军用飞机而言的，民用飞机的概念相对宽泛，不仅包括航空公司用于商业运营的商用飞机，而且包括各种小型的民用飞机。大飞机一般指100座以上特别是150座以上的喷气式商用飞机。

后继的探索，经过两次工业革命的积淀，到 20 世纪初，飞机已经呼之欲出。继莱特兄弟之后，巴西的杜蒙、法国的布莱里奥、加拿大的麦克迪、中国的冯如、俄国的西科斯基，先后驾驶飞机飞上蓝天，将梦想变为现实。

百年来，从科学家、工程师到企业家，大飞机行业群星璀璨，英雄辈出。英国德·哈维兰研制了全球首款喷气客机，将民用航空带入喷气时代。美国比尔·艾伦领导波音公司推出波音 707、727、737、747 系列喷气客机，奠定了波音大飞机的霸主地位。法国伯纳德·齐格勒应用数字电传操纵和侧杆技术打造空客公司最畅销的机型 A320，奠定空客崛起的坚实基础。苏联图波列夫研发世界首款超声速客机图-144，安东诺夫推出世界上载重量最大、飞行距离最长的安-225 超重型运输机，创造了苏俄民用航空的黄金时代。

大飞机的发展，是一部波澜壮阔的科技创新史。

天空没有边界，飞机的发展就永无止境。战争年代的空天对抗、和平年代的市场竞争，催动大飞机集科学技术之大成，将更快、更远、更安全、更舒适、更经济、更环保作为始终追求的目标，不断挑战工程技术的极限。飞机问世不久，很多国家就相继成立航空科学研究机构，科学理论探索、应用技术研究、工程设计实践、产品市场应用的紧密结合，使得飞机的面貌日新月异。

从双翼机到单翼机，飞机的"体态"愈加灵活；从木布、金属材料到复合材料，飞机的"骨骼"愈加轻盈；从传统仪表驾驶舱到大屏幕玻璃驾驶舱，飞机的"眼睛"愈加清晰；航空电子从分散连接到一体化高度集成，飞机的"大脑"愈加高效；飞行控制从机械液压到电传操纵，飞机的"肌肉神经"愈加敏锐；发动机从活塞式到涡喷式再到大涵道比、高推力的涡扇式，使人类的足迹从对流层拓展至平流层。现代经济高效、安全舒适的大飞机横空出世，承载着人类成群结队地展翅于蓝天之上，深刻改变了人类交通出行的方式,创造出繁荣的全球民用航空运输市场。

大飞机的发展,是一部追求极限的安全提升史。

安全是民用航空的生命线,"不让事故重演"是这个行业的基本准则。据不完全统计,20世纪50年代以来,全球民用航空发生九千余起事故,其中致命事故近两千起,造成六万余人遇难。事故无论大小,民用航空都会进行充分的调查、彻底的反思,一次次的浴火重生,换来一系列持续扩充、高度复杂、极为严苛、十分宝贵的适航条例,让大飞机成为世界上最安全的交通工具。今天,世界民用航空百万小时重大事故率低于1,相当于人的自然死亡率,远远低于其他交通工具,但仍然不是零,因此,确保安全永远在路上。

适航性①是大飞机的基本属性,不符合适航条例要求、没有获得适航认证的飞机,不允许进入市场。美国是世界上第一个拥有系统适航条例和严格适航管理的国家,美国联邦航空管理局(FAA)历史悠久,经验丰富,其强大的适航审定能力是美国大飞机成功的关键因素之一。1990年,欧洲国家组建联合航空局(JAA),后发展为欧洲航空安全局(EASA),统一管理欧洲航空事务,力促欧盟航空业的发展,为空客的崛起发挥了重要的支撑保障作用。我国自20世纪80年代以来,已逐步建立完备的适航体系,覆盖了从适航法规、航空营运到事故调查等民用航空的方方面面。今天,适航条例标准不断提升、体系日益复杂,不仅维护着飞行安全,也成为一种极高的技术壁垒,将民用航空显著区别于军用航空。

大飞机的发展,是一部激烈竞争的市场争夺史。

大飞机产品高度复杂,具有显著的规模经济性、范围经济性和学习经济性,促使飞机制造商努力扩大规模、降低成本。虽然大飞机的单价

---

① 适航性,指航空器能在预期的环境中安全飞行(包括起飞和着陆)的固有品质,这种品质可以通过合适的维修而持续保持。

高,但全球市场容量较为有限,相比智能手机年交付上十亿台、小汽车年交付上千万辆,大飞机年交付仅两千架左右,不可能像汽车、家电等行业容纳较多的寡头企业。大飞机的国际贸易成为典型的战略性贸易,各国飞机制造商纷纷以客户为中心、以技术为手段、以产业政策为支撑,在每个细分市场激烈角逐,谋求占据更大的国际市场份额。很多研制成功的机型没能通过市场的考验,而一款机型的失利,却可能将一家飞机制造商带向死亡的深渊。

20世纪50年代,波音707力压道格拉斯DC-8,打破了道格拉斯在客机市场近30年的垄断。60年代,波音747、麦道DC-10和洛克希德L-1011争雄,L-1011不敌,洛克希德退出客机市场。70年代,欧洲联合推出A300,在可观的财政补贴下,逐步站稳脚跟,空客公司成为大飞机领域的二号玩家。80年代,空客推出A320,与波音737缠斗数十年,而麦道MD-80/90在竞争中落败,导致企业于90年代被波音公司兼并。进入21世纪,加拿大庞巴迪力图进军大飞机领域,曲折艰难地推出C系列飞机并获得达美航空75架订单,引发波音公司诉讼而止步美国市场,遂将C系列出售给空客公司,彻底退出商用飞机领域。

大飞机的发展,是一部全球协作的产业变迁史。

早期的客机,技术相对简单、成本相对较低,有着众多的厂商。伴随着喷气飞机的出现,产业集中度快速提升。美国的马丁、洛克希德、康维尔、道格拉斯等一大批飞机制造商在激烈的厮杀中一一退出,最终仅波音公司一家存活。欧洲曾经孕育了一大批飞机制造商,如德·哈维兰、英宇航、达索、法宇航、福克、道尼尔等,最终或退出市场,或并于空客公司。今天,全球大飞机产业形成了波音、空客双寡头垄断格局,波音覆盖150~450座,空客覆盖100~500座,两家公司围绕全产品谱系展开竞争。在两大飞机制造商的牵引下,北美和欧洲形成两个大飞机产业集群。

在产业格局趋于垄断的同时，大飞机的全球分工也在不断深化。出于降低成本、分担风险以及争夺市场等方面的考虑，飞机制造商在全球化的时代浪潮下，通过不断加大业务分包的比例，建立和深化跨国联盟合作，形成飞机制造商—供应商—次级供应商的"金字塔"产业格局，将企业的边界外延到全球，从而利用全球的科技、工业、人才和市场资源。在此过程中，新兴经济体通过分工进入产业链的低端后，不断尝试挑战旧秩序，逆势向飞机制造商的角色发起了一次次冲锋。然而无论是采取集成全球资源、直接研制飞机的赶超战略，还是选择成为既有飞机制造商的供应商、切入产业链后伺机谋求发展的升级战略，以塑造一家有竞争力的飞机制造商的目标来衡量，目前成功者依然寥寥。

大飞机研制投入大、回报周期长、产品价值高、技术扩散率高、产品辐射面宽、产业带动性强，是典型的战略性高技术产业。半个多世纪以来，各国学者围绕大飞机产业的发展，形成了琳琅满目、浩如烟海的研究成果，涉及大飞机产业发展历程、特点规律、战略路径、政策效果等方方面面，不仅凝聚了从大量失败案例中积累的惨痛教训，也指引着通往成功的蹊径，成为后发国家汲取智慧、指导实践以及开展理论创新的重要参考。相比之下，中国的研究相对较少，可以说凤毛麟角。为此，我们策划了这套"大飞机产业研究丛书"，遴选、编译国外相关研究，借他山之石以攻玉，帮助更多的人了解大飞机产业。

我们的工作只是一个开始，今后将继续努力推出更多优质作品以飨读者。在此，感谢参与本丛书出版工作的所有编译者，以及参与审校工作的专家和学者们，感谢所有人的辛勤付出。希望本丛书能为相关人员提供借鉴和启迪。

译者序

　　自 1949 年第一款喷气式客机首飞以来,全球商用飞机产业走过了 70 多年的发展历程。这是一个典型的全球性产业——全球的航空运输市场、全球的产业链供应链、全球的运营和售后服务,以及全球的技术和创新流动。

　　同样是全球产业,商用飞机并没有像汽车和电子产品一样,形成群雄割据的分散化竞争格局。相反,经过多轮的淘汰、兼并和重组,全球商用飞机产业不断走向垄断和集中。参与"角斗"的企业越来越少,场上仅存的企业还通过合资和分包等形式组成跨国联盟,使得主制造商之间、主制造商与供应商之间的合作越来越紧密。这些企业联盟日益成为研制新型商用飞机和发动机的主体力量。

　　为什么会呈现这种趋势?这些企业联盟兴起的背后有哪些深层次的动因?这种趋势对本国商用飞机产业的竞争力,继而对全球产业格局会带来怎样的影响?我们又应如何看待和应对这种趋势?《跨国合资合作:商用飞机的经济政治联盟》(以下简称"《联盟》")一书给出了独到的回答与见解。

　　《联盟》一书由美国商务部资助,美国企业公共政策研究所于 1987

年出版,体现出美国政府高度关注跨国合资合作对美国商用飞机产业竞争力的影响。作者大卫·C.莫厄里(David C. Mowery),毕业于斯坦福大学,任加利福尼亚大学伯克利分校哈斯商学院教授,也是美国国家工程学会民机制造业竞争力委员会的成员,长期研究国际贸易政策、美国技术政策。《联盟》一书将系统严密的理论分析与翔实深入的案例研究相结合,夹叙夹议、娓娓道来,体现出作者深厚的理论功底和务实的写作风格。

第1章阐述了跨国合资企业的总体特征,简要分析和探讨了企业联盟的优劣势。第2章分析了商用飞机产业的基本特点,阐明了美国航空企业所处竞争环境和技术环境的变化,以及这些变化如何推动美外合资企业的兴起。第3章研究了美国、日本、欧洲等国的各大飞机和发动机制造商组建跨国合资企业的典型合作案例,探讨了各成员企业的动机、合资企业的结构、内部的技术转移等,总结了每一起合作案例的成败与得失。第4章以日本、巴西、瑞典相关企业及欧洲空客公司为对象,探讨了各国政府发展商用飞机产业的战略选择和政策路径,以及组建合资企业的动机和方式,总结优劣得失。第5章阐述了跨国合资企业对美国商用飞机产业的影响,提出了跨国合资企业在组织和管理上的关注点,最后对美国政府下一步的应对政策提出了建议。

《联盟》一书提供了20世纪50—80年代全球商用飞机产业发展历程中极具代表意义的若干片段和缩影,是读者了解这30年跨国合资合作历史的宝贵素材,其中关于瑞典、巴西等国的研究尤显珍贵。同时,书中不少观点也极具洞察力。

比如,书中归纳的商用飞机产业特点精准而深刻——极其重要的战略价值,高度复杂的技术和产品,极高的研发成本和商业风险,显著的规模经济和学习经济,激烈的市场竞争,以及这些要素共同造就的极高的产业准入壁垒。这些特点正是商用飞机产业跨国合资企业大量兴起的内在原因。

又如,书中提出的跨国合资企业关注点极具启示意义——最关键的合作"黏合剂"是成员企业之间的技术差异,应由占优势的企业负责项目管理和总体设计;由技术实力相当的企业组建合资企业,且应组建独立的管理机构来负责产品设计和市场营销,等等。这些基本原则,对准备建立和运作跨国合资企业的政府和企业来说,无疑是宝贵的指南。

再如,书中对未来前景的一些研判也极具预见性——合资企业内部技术转移的质量和数量都不足以让技术劣势企业在合理时间内对技术优势企业构成威胁,日本企业独立进军商用飞机或发动机产业的前景渺茫,美外合资企业给美国飞机制造业带来的任何竞争,都不太可能威胁到美国主制造商,但可能对美国零部件供应商产生威胁。时隔30多年再回来看当年作者的上述判断,依然很有启发。

此外,面对各国发展本土航空产业的雄心,作者始终站在美国政府的角度,围绕如何抵御外部竞争,如何保护美国企业,如何维持美国在该产业的绝对优势来提出政策建议。这样的决心和态度,也值得读者深思。

"能用众力,则无敌于天下矣。"商用飞机产业的内在特质,决定了场上的参与者需要开放与合作,需要整合各方的资源和力量。在参与跨国合资合作的过程中,国家和企业分别需要制定怎样的目标和期望,需要做出怎样的投入和妥协,又应怎样合纵连横、进退立足,也许能从本书之中寻得一些经验和教训。

致　谢

　　本书获得了美国企业公共政策研究所(AEI)"在不断变化的世界经济中竞争"项目、斯坦福大学经济政策研究中心和国家科学基金会(PRA83－10664)的资助。在此,我要特别感谢 AEI 项目协调员克劳德·E. 巴菲尔德(Claude E. Barfield)、波音公司、麦克唐纳·道格拉斯公司、萨博-斯堪尼亚公司、沃尔沃航空发动机公司与通用电气(GE)公司高管、美国贸易代表办公室和美国商务部的官员,以及以下美国对外关系委员会国际企业联盟研究小组成员,包括彼得·科维(Peter Cowhey)、史蒂文·克莱珀(Steven Klepper)、理查德·罗杉森布卢(Richard Rosenbloom)、W. 爱德华·斯坦米勒(W. Edward Steinmueller)、大卫·蒂斯(David Teece)、莱西·格伦·托马斯(Lacy Glenn Thomas)、默里·韦登鲍姆(Murray Weidenbaum)、雷蒙德·弗农(Raymond Vernon),感谢他们提供的宝贵意见和建议。上述个人或组织都无须对文中的结论和遗留错误承担责任。另外,还要感谢帕梅拉·雷纳(Pamela Reyner)在文书方面给予我的帮助。

大卫·C. 莫厄里

目　录

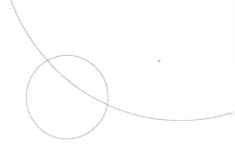

第 3 章
案例研究 063

第 4 章
国家战略 103

第 5 章
结论和政策的影响 143

第 1 章
引 言

过去 30 年，全球商用飞机产业经历了结构性转型。20 世纪 50 年代中期，至少有英国、法国和美国的 10 家企业生产大型商用飞机机体（50 座级以上），同时至少有 9 家企业生产发动机①。如今，全球飞机制造业仅存 3 家主要的机体制造商和 3 家发动机制造商。同时，该产业也发生了另一种形式的转变，即新型飞机和发动机的研制现在主要由企业间联合体来开展。在过去 15 年里，商用飞机产业形成了一个由企业间联盟和其他合作性企业组成的复杂体系，不仅涉及各大"主制造商"②之间的关联关系，还涉及这些"主制造商"与其他供应商和分包商之间的广泛合作关系，这与该产业在 1970 年前的创新结构已截然不同。1970 年前，机体和发动机制造商基本上都独立于其他企业，自己研发和制造产品。

许多企业间的联盟都是跨越国界的，联盟内部会针对管理和技术开展大量交流。美国官方评估指出，美国很担心这种企业间合作会对美国飞机制造业未来的竞争力造成影响：

当前，全球航空航天制造商与其所在国之外的企业正在围绕

---

① 1955 年，商用飞机制造商包括美国的通用动力公司康维尔分部、波音公司、道格拉斯公司、洛克希德公司，英国的维克斯公司、布里斯托尔公司、桑德斯·罗公司、德·哈维兰公司，以及法国的布雷盖公司、南方飞机公司；发动机制造商包括英国的布里斯托尔公司、西德利公司、德·哈维兰公司、罗尔斯-罗伊斯公司（以下简称"罗-罗公司"），美国的西屋电气公司、艾利逊公司、GE 公司、普惠公司，以及法国的达索公司、斯奈克玛公司。

② 译者注：主制造商也叫总承包商，所谓总承包，指这些企业一方面直接承包国防部等政府机构的研发项目，另一方面将部分研制任务分包给其他企业，即分包商。

更大规模、更复杂的项目,采取共同生产的模式进行合作。外国企业会借此获得与技术和生产相关的知识,从而提高自身竞争力,并扩大市场份额。如此一来,美国航空航天产业在本国和第三国市场将面临日益激烈的外部竞争。如今,日本在小型涡轮飞机领域已成为一大竞争对手,而其瞄准的下一个目标便是大型运输类飞机。在高技术合作项目中获得的经验将有助于日本快速培养自主生产大型运输类飞机的能力(美国商务部,1982:259)。

本书对商用飞机产业出现国际合资企业的原因和结果进行了分析,重点论述了美国飞机和发动机制造商与外国企业成立的合资企业。同时,本书讨论了美国企业加入此类合资企业的动机、影响项目成败的管理和组织因素,以及这类跨国"合作"对美国商用飞机产业结构和竞争力的影响。

虽然本书主要讨论的是商用飞机产业中的合资企业,但实际上,合资企业的重要性不仅仅体现于这一个产业。成立跨国合资企业负责研发或制造,已成为美国制造行业的一个重要现象[①]。相比之下,商用飞机产业更早地将国际合资企业视为重要力量,过去 10 年推出的大多数飞机机型和发动机都是由跨国联合体研制的。因此,商用飞机领域有许多不同类型的企业间合作案例可供分析,更容易洞察合作所产生的结果。

本章阐述了国际合资企业的总体特征,并探讨了企业间合作的一些影响。第 2 章概述了美国商用飞机产业竞争环境和技术环境的最新变化情况,重点阐明这些变化对美国企业与外国企业成立合资企业的动机会产生哪些影响。第 3 章详细探讨了几家合资企业的案例,包括

---

① 美国企业和外国企业在钢铁、汽车、电信设备、微电子和机器人等行业内成立了大量国际合资企业。

波音公司 767 和 7J7 项目，GE 公司与斯奈克玛公司①的 CFM56 发动机、V2500 发动机，麦道公司与福克公司的 MDF100 项目，麦道公司、达索-布雷盖公司与法国宇航公司（Aerospatiale）的水星 200 项目，以及萨博公司与费尔柴尔德公司的 340 通勤飞机。第 4 章讨论了外国企业和政府组建合资企业的具体方式，着重探讨了空客公司、瑞典的萨博-斯堪尼亚飞机公司和沃尔沃航空发动机公司、巴西航空工业公司、日本商用飞机公司及日本航空发动机公司所采取的技术和竞争战略。第 5 章阐述了跨国合资企业对美国政策制定方和企业管理人员的影响。

1.1　合资企业的定义和重要性

　　"合资企业"（joint venture）一词在本书中的使用并不十分严谨。商用飞机产业中的一些合作符合典型合资企业的定义，即企业属于一个独立的法人实体，其股权由合作伙伴持有。还有一些合作则不属于合资企业定义的范畴。事实上，第 3 章所讨论的一些案例，本质上是早期"分包关系"理论的一种延伸。在本书中，"合资企业"是指：多家企业共同参与商用飞机和发动机产品的研发与制造，企业在研究、设计、生产和营销方面进行重大合作，以及所有合作伙伴都承担大量研发资金或风险资本。这一定义不包括军用飞机的联合生产和许可协议（第 2 章将简要论述）、对外直接投资（意味着企业完全控制另一企业的生产和产品研制活动），以及商用飞机产业少见的通过授权许可出售技术等情形。下文的论述也不包括业务范围仅限于研究活动的

合资企业。

在采矿、采油等采掘业中,合资企业这种形式一直都很常见,而且在第二次世界大战(以下简称"二战")战后时期,合资企业在美国制造类企业的对外投资活动中占有相当大的份额[1]。根据哈佛跨国企业研究项目的相关数据,卡伦·J. 赫拉迪克(Karen J. Hladik)发现,1951 年至 1975 年,美国制造类企业所设立的国外子公司中,合资企业占 39%[2]。另外,还有零散证据表明,越来越多的美国和欧洲跨国企业在国外以合资形式设立制造类子公司。约翰·H. 邓宁(John H. Dunning)通过分析工业化国家跨国公司的对外投资数据,得出了如下结论:"……1961 年至 1975 年,在发达国家设立的全外资子公司所占比例为 25.3%,而在 1960 年之前,这一比例为 41.1%[3]。"另外,对于类似瑞典这些国内市场规模较小的国家,合资企业在跨国公司的对外投资活动中一直都占据重要位置。

在整个二战后时期,合资企业一直都是美国和外国制造类企业对外投资活动的重要组成,但近期组建的合资企业具备一些新特点。近年来,美国企业之间,以及美国企业与外国企业之间所组建的合资企业急剧增多。凯瑟琳·R. 哈里根(Kathryn R. Harrigan)的研究表明,美国制造企业之间在国内组建的合资企业数量在过去 10 年不断增加,时至今日,所涉及的行业也越来越多。赫拉迪克则发现,在过去 10 年里,

[1] John S. Stuckey, *Vertical Integration and Joint Ventures in the Aluminum Industry* (Cambridge, Mass.: Harvard University Press, 1983).

[2] Karen J. Hladik, *International Joint Ventures* (Lexington, Mass.: D. C. Heath, 1985). 赫拉迪克的数据并未对此期间美国制造商所创建子公司的规模这个变量进行控制,因此其数据夸大了合资企业在美国制造商在对外投资总额中的重要性。

[3] John H. Dunning, *International Production and Multinational Enterprise* (London: George Allen and Unwin, 1981), p. 76. 邓宁的数据来自联合国跨国公司中心(United Nations Center on Transnational Corporations)的一项研究,该研究调查了美国企业和欧洲企业对外投资活动。

美国企业参与组建的国际合资企业的数量大幅增加①。

下文讨论的合资企业包括产品研发类企业和制造类企业两种。美国企业日益依赖外部研发资源，例如半导体研究公司、微电子与计算机技术公司等多家企业组成的研究联盟，大学与产业合作建立的研究机构等②。个中原因，已经超出了本书的探讨范围，将不做全面论述。但很显然，推动研发类国际合资企业数量增长的力量，同时也促进了国内企业间研发合作的兴起。

美国企业在过去 10 年参与组建的国际合资企业，其结构和活动也与 1950 年至 1975 年间成立的合资企业截然不同。美国企业持少数股权的合资企业占比有所增加，这一点与邓宁的研究数据相符，但由于缺少此类合资企业规模的数据，无法准确衡量其重要性。根据赫拉迪克的研究，1974 年至 1982 年，每年成立的合资企业中，平均 80％ 是"非过半"合资企业，即美国企业股权占比不超过 50％③。此外，赫拉迪克还发现，在近期成立的美外合资企业中，涉及出口生产、联合研发或两者兼有的企业占比越来越高。这些特点致使近期成立的合资企业有别于二战后早期成立的合资企业。二战后早期的许多美外合资企业主要聚

① 哈里根指出，20 世纪 60 年代，合资企业主要集中在化学品工业、原料金属工业、造纸工业及石材、黏土和玻璃工业，但现在已经远远超出这些行业。参见 Kathryn R. Harrigan，"Joint Ventures and Competitive Strategy"（*Working paper*，Columbia University Graduate School of Business，1984）。赫拉迪克的数据表明，1975—1982 年，美外合资企业的数量大幅增加，几乎可以肯定这一增长趋势还会持续下去。

② 参见 National Science Board，*University-Industry Research Relationships*（Washington，D. C.：National Science Foundation，1982）和 Dorothy Nelkin 与 Richard R. Nelson 在 1985 年 12 月 5 日于美国科学与工程新联盟和伙伴关系会议上发表的论文。对于美国企业越来越依赖研发联盟等外部研发资金来源，目前尚无精确数据。但是，美国国家科学委员会（National Science Board）的数据表明，产业对大学研究的支持占比从 1979 年占总资金的不足 3％增至 1984 年的 5％ 以上，年增长率为 10％～15％。参见 National Science Board，*Science Indictors—1985*（Washington，D. C.：National Science Foundation，1985）。

③ Hladik，*International Joint Ventures*，p. 51.

焦于外国企业所在国的市场，或者负责在外国开采矿产或石油。

最近，在一些以往对外直接投资不多，或跨国企业数量不多的行业，美外合资企业也壮大起来。正如希尔施（Hirsch）所言，商用飞机产业是一个很少进行对外直接投资的产业[①]。近年来在美国，无论是技术"成熟"的产业（如钢铁和汽车），还是相对"年轻"的产业（如机器人和微电子），国际合资企业都占据了相当重要的地位。实际上，所有这些合资企业都在研发、产品研制和技术转移方面开展了重大合作。在某些产业中，如飞机和半导体，通过合资企业进行的技术转移，大多（但并非所有）是从美国输出技术或专业知识。而钢铁、汽车等其他产业的合资企业则是美国大量引进他国技术。

如今，美外合资企业开展了一系列新合作，这可能代表着美国企业在产品研发模式上的重大转变。新产品的研发设计历来都是由制造企业独立进行，而不是由几家企业合作推进。过去，企业主要通过出口或对外直接投资来实现国际化制造和营销，有时为了获取产品或工艺技术和专业知识（技术诀窍），也会采用国际许可。而近期成立的合资企业并没有采用这三种机制来销售产品或技术。如果选择出口或技术许可，企业是基于合同独立销售产品或技术。如果选择合资，企业是建立伙伴关系，所有参与方都可以提供管理和技术专长以及资本。尽管合资不涉及产品或技术的销售，但与对外直接投资的区别是，生产或技术资产由不止一家企业控制。技术和其他资产发生转移，意味着成立合资企业的动态影响可能与对外直接投资的动态影响截然不同。

合资建立在"交换"的基础之上，但企业间交换的资产或商品不同于通过许可或出口交换的资产或商品。成立国际合资企业，能让美国和外国企业将双方的技术资产集中在同一条产品线上，而无须将其所

---

① Seev Hirsch,*"An International Trade and Investment Theory of the Firm,"* *Oxford Economic Papers* 28(1976)，pp. 258 - 269.

有业务活动都整合到一个单独的公司实体中。有些合资企业还可能实现将一家企业的技术能力与另一家企业的营销或分销资产（能力）结合起来。为什么选择成立合资企业而不是其他机制（如许可）进行这种交换？下文将做解答。

1.2 技术转移和利用的可选途径

许多学者研究了企业如何在出口、许可和对外直接投资之间做选择。史蒂文·H. 海默（Steven H. Hymer）提出了基本观点，之后多位学者对其观点进行了扩展和丰富[1]。海默认为，让一家企业决定进行对外直接投资，而不是仅仅通过产品出口来服务国外市场的关键因素是——进行投资的企业相对于国外的当地企业拥有某种优势[2]。

拥有这种优势的企业如果选择直接对外投资，效果要比向国外市场出口和销售产品更好，能在国外市场获得营销、生产和创新等领域的综合回报。按此观点，企业选择对外直接投资而非产品出口，与许多美国制造企业在 19 世纪后期扩大产品线并新增非生产职能（如分销和营

---

[1]　Steven H. Hymer，*The International Operations of National Firms: A Study of Direct Foreign Investment*（Cambridge，Mass.：M. I. T. Press，1969）。另请参见 Raymond S. Vernon，"International Investment and International Trade in the Product Cycle，" *Quarterly Journal of Economics* 80（1966），pp. 190 – 207；Dunning，*International Production*；David J. Teece，"Towards an Economic Theory of the Multiproduct Firm，" *Journal of Economic Behavior and Organization* 3（1982），pp. 39 – 63；以及 Alan M. Rugman，*Inside the Multinationals: The Economics of Internal Markets*（New York：Columbia University Press，1981）。

[2]　海默表示："一个行业中各家企业的运营能力参差不齐。某些公司在特定活动中具有相当优势。拥有这些优势可能会为其带来广泛的国际业务。"在没有贸易壁垒的情况下，海默的观点与对外投资最为相关。当然，对外直接投资的另一个动机是通过在受保护市场内设置生产设施来突破关税壁垒。这一因素也是美国和日本公司在汽车和钢铁行业建立合资企业的重要动机。

销)有着相同的理由①。与企业只专注在国内或国外市场销售产品相比,由单独一家企业同时覆盖国外和国内市场所获得的回报更高。

海默没有详细阐述企业优势的性质或成因,但其他学者的实证分析和理论研究表明,企业选择对外直接投资,是企业特定无形资产不断积累的结果②。在许多情况下,单纯的出口活动很难实现对此类无形资产的利用。然而,对外直接投资只是让无形资产产生回报的途径之一,其他途径还包括许可和成立合资企业。这些途径各有长短,取决于企业资产的特性。通过分析对外投资、许可与成立合资企业这三种途径之间的主要差异,可解释国际合资企业活动增多的原因,以及在不同行业,这三种途径不同的重要程度。本节将重点分析技术类无形资产的内在特征及其转移途径,以及美国企业经营所在地的"政策环境"所扮演的角色,这对国际合资企业而言同样重要,这一点将在后文展开。

在许多情况下,企业的无形资产是以技术能力为基础的③。很难通过市场途径(例如许可)加以利用,原因有几方面。企业通过内部研究和创新通常能累积企业特有的知识,这反映出商品的设计、生产和营销,与产品和工艺技术相关知识的习得之间存在密切联系。因此,这类企业如果要利用这些基于特有知识而形成的先进技术,许可市场规模较小,买家或卖家寥寥无几。技术许可交易犹如双边垄断(不超过一个买家或卖家),而非竞争性的市场,卖家没有其他销售点,或者买家没有

---

① Alfred D. Chandler, Jr., *The Visible Hand* (Cambridge, Mass.: Harvard University Press, 1977).

② Richard E. Caves, *Multinational Enterprise and Economic Analysis* (Cambridge, England: Cambridge University Press, 1982).

③ 凯夫斯指出:"……作为这些(公司特定)资产的指标,经济学家研究了某个行业中公司的广告和研发支出。大量研究证实,随着广告和研发支出在行业内重要性的增加,外国子公司资产在美国公司总资产中的份额也显著增加……"同上,第 9 页。

其他来源，就会助长机会主义行为，即在战略层面歪曲偏好或隐瞒信息①。

企业内部的协作生产活动和技术知识积累，会以另一种方式影响许可的可行性和吸引力。实现创新所需的知识大多来源于企业内部的不同业务领域——因此，创新需要多种能力协同发力②。企业获取技术许可是为了利用创新技术，而在不拆分许可方企业的情况下，难以对创新技术所需的知识和个人进行打包③。此外，许多技术知识是"隐性的"④。除了技术的蓝图文档之外，专业知识（技术诀窍）对于掌握技术也至关重要，也是技术转移的关键所在。正因为复杂技术资产通常包含大量隐性内容，导致通过技术许可获取复杂技术资产的可行性被削弱。

肯尼思·J.阿罗（Kenneth J. Arrow）指出了技术资产许可的另一

---

① 奥利弗·E.威廉森用"小数条件"描述了此类市场的特征："造成的交易困境表现为：各方都寻求对自身最有利的条款，这鼓励了机会主义和讨价还价行为的出现。相比之下，如果各方能够以一种避免议价成本和间接成本（主要是适应不良成本）的方式开展合作，那么系统的利益就会得到提升。"Oliver E. Williamson, *Market and Hierarchies*（New York：Free Press, 1975），p. 27。

② 商务部发明与创新小组对成功产品创新的典型成本分配进行了估计，随后提出在创新过程中必须整合不同企业职能的观点。研究、预研和基础发明的费用仅占总成本的 7.5%，而工程与产品设计的费用占总成本的 15%。工装和制造工程的费用占总成本的比例足有 50%，制造启动费用占总成本的 10%，营销启动费用占总成本的 17.5%。U. S. Department of Commerce, Panel on Invention and Innovation, *Technological Innovation: Its Environment and Management*（Washington, D. C.：U. S. Government Printing Office, 1967），p. 9。

③ 大卫·蒂斯认为："当待转移的知识与可分离的例行程序细节相关时，转移关键人员可能就足够了。在这种情况下，关键人员会成为该例行程序方面的顾问或导师。但是，如果以这种方式关注转移活动，则可供转移的能力有限。在通常情况下，如需转移生产知识，就要转移组织知识和个人知识。在这种情况下，超出组织边界的外部转移可能会十分不易，甚至毫无可能，因为脱离背景后，个人对例行程序的了解可能毫无用处。"Teece, *Towards an Economic Theory*, p. 45。

④ 参见 Richard R. Nelson and Sidney G. Winter, *A Behavioral Theory of Economic Change*（Cambridge, Mass.：Harvard University Press, 1982），特别需关注第 4 章和第 5 章。

个难题。为了向潜在买家证明资产的价格是合理的，卖方必须披露大量有关技术性质和技术能力的信息。而如果潜在买方可以轻易掌握和利用所披露的信息，也就没有必要再购买该技术了①。

许可方和被许可方交易行为的不确定性严重降低了技术许可市场的效率。企业提供技术许可实际上是冒着自身对该项技术资产的垄断优势被削弱的风险，因为被许可方获得了专业知识，可以进行"逆向工程"或发明。很多许可协议会要求被许可方向许可方提供所取得的所有技术改进，但这些条款很难得到执行。在实际过程中，技术转移的过程或更完善，或更不受控，但无论是哪一种，许可方的利益都不一定能如愿得到保证。

此外，专利保护的力度也会影响技术许可的吸引力。如果专利全面覆盖、执行良好且难以规避，对有专利保护的创新技术进行许可，遭受逆向工程的风险会降低（技术许可的吸引力就大）。此外，对专利申请所必需的技术特性予以全面公开，不仅有利于许可方评估该项技术，还有利于在合同中就其价值达成一致意见。即使是相对不成熟的技术资产，也可以通过技术许可的方式实现利用。

技术创新过程的性质不同，也会影响企业的选择。生产周期长且复杂的产品，包括商用飞机、电信设备和机器人设备，通常需要全面的

---

① 这种市场失灵是基于转移和吸收技术知识几乎不产生成本的假设。这一假设由肯尼思·J.阿罗提出，他认为知识会表现出典型"公共产品"的诸多特征，而且多方使用知识并不会降低知识的质量或效能。显然，上述许多讨论都对转移活动无须成本的假设提出了质疑。尽管如此，理查德·E.凯夫斯、哈罗德·克鲁凯尔和J.彼得·基林指出，在许可谈判过程中对技术价值进行确定时，披露部分技术是很严重的情形。参见 Kenneth J. Arrow, "Economic Welfare and the Allocation of Resources for Invention," *The Rate and Direction of Inventive Activity* (Princeton, N. J.: Princeton University Press for the National Bureau of Economic Research, 1962); David C. Mowery, "Economic Theory and Government Technology Policy," *Policy Sciences* 16(1983), pp. 27 - 43;以及 Richard E. Caves, Harold Crookell and J. Peter Killing, "The Imperfect Market for Technology Licenses," *Oxford Bulletin of Economics and Statistics* 45(1983), pp. 249 - 268.

售后产品支持和服务。将制造责任与产品支持责任分开，会给机会主义行为创造条件。

虽然产品支持和制造可以都由同一家许可方执行，但是产品支持和营销要为产品初始设计和随后的改进提供数据。这意味着，在理想情况下，反馈机制和信息渠道应该由负责产品设计和制造的组织机构控制。埃里克·冯·希佩尔(Eric von Hippel)认为[1]，以"用户驱动"创新为特征的技术，必须要将用户提供的运行经验和需求传递给研究和设计团队。技术许可可能会让制造商失去这一重要的产品修改和改进的信息渠道。至少，在技术许可的模式下，信息要以跨越组织边界的方式传递，就会降低信息的质量和数量。第3章讨论了几家合资企业，这些企业将营销、产品支持和设计职能的控制权赋予各家合作企业，引发了严重的问题。对有些技术而言，产品支持和用户主动创新并非那么重要，可能更容易通过许可的方式实现利用。

可以认为，采用国际许可进行复杂技术资产转移存在局限性，虽然这一点没有充分的证据来证明。埃德温·曼斯菲尔德(Edwin Mansfield)和其他学者认为，对于相对成熟的技术资产，许可是最常用的技术转移方式[2]。技术资产的成熟度对其在国际市场上的利用有直接影响。对成熟技术而言，企业不太可能拥有实质性的垄断权，从而减

---

① Eric von Hippel, "The Dominant Role of Users in the Scientific Instrument Innovation Process," *Research Policy* 5(1976), pp. 212 - 239.

② 埃德温·曼斯菲尔德指出："⋯⋯直接投资作为技术转移手段的相对重要性似乎取决于新产品处于生命周期的何种阶段。⋯⋯当各种重要的石化产品还是相对较新的产品时，直接投资是主要的技术转移形式，但是随着这些产品进入成熟期，许可就成为主要的技术转移形式。产生这种模式的一个原因在于，创新企业和技术需求国的相对议价地位随时间的变化而变化。较新的技术会受到严格控制，技术需求国会迫于压力而接受创新企业提出的条件，其条件通常是同意对方在境内成立一家全资子公司。但随着时间的推移，这项技术越来越广为人知，东道国就可以通过利用拥有较强技术能力的企业之间的竞争来组建合资企业或获取许可。最终，这项技术将在各家工厂进行应用，而东道国能够以统包方式与独立工程企业合作，从而获得技术。"

少了许可交易中少数交易和机会主义行为。越成熟的技术，编制的文件越全面，知识中的隐性内容就越少，技术性能和其他特性也越容易被掌握，此类技术在许可合同中的估值和打包就容易得多。

也有一些其他相关研究强调了国际技术许可市场存在稀疏和不完善的特点。理查德·E.凯夫斯、哈罗德·克鲁凯尔及彼得·J.基林对技术许可合同进行小样本分析得出结论：技术资产的质量以及被许可方和许可方行为都具有很大的不确定性，阻碍了许可方从许可出售的资产中获取全部潜在利润，无法实现总收益最大化[①]。

由于国际技术许可市场不完善，因此可通过该机制加以利用的技术资产很有限。这对技术许可在不同行业和技术中的重要性有何影响？如果技术不复杂，不受严格的专利条件限制，又相对成熟，既不依赖用户驱动创新，又需要相应的售后产品支持，那么技术许可就比对外直接投资和成立合资企业更受青睐。

通过国内和国际许可来利用技术资产，尽管效果有限，但在产品周期短的技术和行业中仍得到了广泛应用。如果某种产品的市场存续时间预期较短，那么企业可能会放弃对该市场所需生产能力要进行大量的固定资产投资，而通过生产产品获取一部分利润，再通过创新技术许可获取一部分利润。

在极为重视产品生产标准的行业，如半导体元件或电信设备，选择技术许可的动机或稍有不同。在此类行业，快速扩大生产规模有助于专有技术建立标准。而通过向其他生产商授予许可能实现生产

---

① "……许可交易的不确定结果与签订'完整'合同的成本相互作用，导致协议中往往会包含低效条款。这些条款低效的原因在于，在理想合同项下，许可方和被许可方可选择策略，使共享技术现金流最大化，然后再分享收益，而这些条款只会导致许可协议为双方带来的现金流减少……对许可方和被许可方进行的调查表明，保护条款的出现概率很高。虽然保护条款会保护一方或另一方的预期许可费用，但同时还有可能会减少现金流。"Caves, et al., "The Imperfect Market," p. 259。

的快速扩张和可靠供应,推动既快速且(从许可方的角度看)低成本的产能扩充。此外,通过扩大技术许可的范围,建立多个供应来源,也提高了产品供应的可靠性。在有些行业中,竞争对手之间所持专利有所重叠,许多创新技术交叉许可,用作减少专利权诉讼的一种手段。

由于市场和合同具有不完善性和不确定性,因此技术资产的国际许可只涉及有限的技术和行业。对外直接投资虽然支持获取和使用特定企业所拥有的技术能力,但同样具有巨大的风险和高昂的成本。如果某个行业的生产技术特点决定了企业必须超过一个最小有效规模,而这个规模与全球市场规模相比又显得过大,同时这个行业具有很强的附着于特定工厂的学习效应和成本降低效应的特点,那么该行业中的企业如果建立多个生产设施,就会导致成本大幅提高。出于这个原因,如果其他条件相同,商用飞机、钢铁等行业不太可能选择对外直接投资的方式。建立一个离岸的生产、分销和营销网络,其固定成本高昂,这给对外直接投资构筑了一道障碍。在不完全资本市场的环境下,只有那些规模最大的企业才敢采取这样的策略。由于很多国外市场的经济和政治环境存在不确定因素,对许多企业而言,对外直接投资的风险太大。许可、对外直接投资及出口这三种方式会让创新型企业承担产品或工艺研发的所有成本和风险。

与许可或对外直接投资相比,国际合资有哪些优势?这些优势又是如何影响合资企业在不同行业中的重要性?与对外直接投资、许可和出口相比,合资方式大大分散了创新活动的财务风险,合资企业本身的财务风险也比对外直接投资的风险低。此外,由于合资企业内部的所有权结构不一定要与管理控制结构或生产地点相匹配,因此在最近成立的诸多美外合资企业的结构中,多工厂型企业结构不再是主流。如此一来,合资企业直接对外投资生产能力,也不会造成成本浪费。

与许可相比，合资有诸多优势。通过建立合资企业，美国企业可以规避采用许可时出现的许多合同限制，这些限制是历来导致美国企业倾向于选择对外直接投资的主要原因。由于企业特有资产具有非典型、不可分割的特性，因此很难通过技术许可的方式来加以利用，但这并不妨碍在合资企业中统筹或交换此类资产。

成立合资企业可用作规避国际技术许可交易中的不确定性和机会主义行为的一种手段。虽然评估合作伙伴的贡献度可能是一些合资项目的核心问题，例如波音公司与日本合作研制的波音767和7J7飞机项目，但企业通过合资，往往能够更容易地交换不容易定价的资产（如技术能力），同时还能降低肯尼思·J.阿罗所提及的"信息披露"问题的影响。约瑟夫·F.伯德利（Joseph F. Brodley）等学者指出，合资能减少为评估每个合作伙伴所提供技术和管理资产的价值而进行复杂谈判的需求，还能降低合作伙伴出现机会主义行为的风险和可能性[①]。阿芒·A.阿尔钦（Armen A. Alchian）、哈罗德·德姆塞茨（Harold Demsetz）和奥利弗·E.威廉森（Oliver E. Williamson）认为，企业这种组织结构存在的一个核心原因是企业（相较于承包商或被许可方）更容易监督员工的行为。同理，设立合资企业可以让每个合作伙伴更好地监督其他

---

① 约瑟夫·F.伯德利总结了合资企业（指所有合作伙伴均持有股权的新设企业实体）相对于兼并或市场交易的优势："通过提供共享利润和管理控制权，合资企业倾向于保护参与者免受机会主义行为和信息不对称的影响。评估参与者各自贡献的问题得到缓解，因为他们可以等待实际的市场判断。要想合资企业有效，就需要开展持续合作，这样，通过威胁拒绝注入资本或其他出资的方式利用有利谈判地位的诱惑就会减少。此外，向合资企业提供资金的公司可以密切监控其投入资金的使用情况，从而降低其亏损风险。共同所有权还提供了一种分摊生产有价值信息成本的方法，否则只能通过难以执行的合同承诺来保护有价值信息不被挪用。最后，合资企业可以影响研究的规模经济，这是单一企业无法实现的。由于这些优势，合资企业尤其有可能在涉及高风险、技术创新或高信息成本的行业中提供最佳的企业形态。"Joseph F. Brodley, "Joint Ventures and Antitrust Policy," *Harvard Law Review* 95(1982)，pp. 1528 - 1529.

合作伙伴的行为，同时减少机会主义行为的诱因①。

另外，相比于许可，合资企业可以更有效地控制或管理技术转移。在很多情况下，许可交易需要将技术能力整体打包出售，而通过成立合资企业，合作伙伴企业能够"分割"自身技术资产，并选择性地转移其中的个别部分，这些个别部分单独存在于某一企业时可能毫无价值②。通过合资，能将技术从技术优势企业转移到技术劣势企业，则技术优势企业可以利用其成熟度高的技术获得财务收益，而许可很难实现技术"分割"，因此无法获得此类收益。这类经济收益能够为由拥有不同技术能力的企业组建的合资企业提供强大的凝聚力。此外，合资企业能很好地监督资产受让方的行为，所以转让方更容易监督受让方对所转移技术做出的改进，并从中获益。

最后，作为将不同资产集合起来的一种手段，成立合资企业也是企业之间进行完全兼并的一种低成本替代方案。虽然合资企业伙伴关系通常只能涵盖有限的职能或产品，远不如公司完全兼并这种方式的涵盖范围大，但在某些产品领域是一种有力的替代方式。合资企业更加灵活，能将各合作企业整体能力中的一部分能力统筹在一起，从而减少大型多产品企业兼并所面临的一些困难。20 世纪 60 年代和 70 年代，

---

① 参见 Armen A. Alchian and Harold Demsetz, "Production, Information, Costs, and Economic Organization," *American Economic Review* 62(1972), pp. 1777 - 1795；以及 Williamson, *Market and Hierarchies*。

② 正如斯坦福大学的保罗·戴维(Paul David)所指出的那样，公司组建合资企业的动机与加里·贝克尔(Gary Becker)分析的婚姻经济学之间存在着相似之处。贝克尔认为，婚姻的部分动机在于婚姻双方在收入等报酬的家庭生产方面的共同贡献比单独贡献所获得的价值更高，这反映了婚姻双方之间的市场工资水平差异。这种工资差距的存在激励婚姻一方专门进行非市场性质的家庭报酬的生产，而另一方则追求工资收入。在婚姻关系中，集中婚姻双方的生产资产能有效地使各方实现更大的金钱和非金钱利益的"收入流"，正如将合资企业内的公司特定集中起来，使各个合作伙伴都能获得资产回报，否则这些资产的市场价格会更低，甚至根本不存在。Gary Becker, "A Theory of Marriage," Theodore W. Schultz, ed., *Economics of the Family* (Chicago: University of Chicago Press for the National Bureau of Economic Research, 1974), pp. 299 - 344。

许多大型企业兼并的结果并不理想，而近期，无论是国内合资还是国际合资，都受到美国企业的欢迎。此外，合资还能够让既存企业以比自行内部研发更快的速度掌握无法通过许可方式转移的新技术。相比于通过收购企业来获得技术，成立合资企业的成本和风险更低。

然而不能低估合资企业可能面临的困难。事实证明，合资企业极难管理。合资可以减少机会主义和动机冲突，但并不能完全消除这些问题。此外，在许多合资企业内部，技术转移的数量往往充满争议，尤其是当参与合资的各个成员企业具备不同技术能力时。在这类合资企业中，合作伙伴的利益是直接对立的，因为技术能力强的企业希望转移尽量少的技术，而技术能力一般的企业则希望转移尽量多的技术。这种利益冲突可能会阻碍合资企业的组建，或者导致合资企业倒闭。如果合资企业由原本是竞争对手的企业一起组建，并且业务只涉及众多产品线中的一条，通常这种合资企业是不稳定的。随着技术变革发展，企业自主生产的产品可能会与合资研制的产品相互竞争，最终导致合作伙伴关系瓦解。因此，合资的可行性受到合作伙伴的限制。无论是技术、资本还是进入国外市场的机会，各合作伙伴都必须为合资企业贡献一些东西。在许多情况下，如果一家技术劣势企业和一家技术优势企业合资，那么技术劣势企业首先要具备最基本的技术专业知识，才能够吸收通过合资形式转移的技术。

可用于利用企业特有技术资产和其他类型资产的方式有多种，如出口、技术许可、合资等，且各具优势（吸引力）。但这些都不足以解释近期商用飞机产业和其他产业中合资企业激增的原因。在 20 世纪的大部分时间里，美国企业利用技术资产的主要途径一直都是对外直接投资[1]。

---

[1]　Mira Wilkins，*The Emergence of Multinational Enterprise: American Business Abroad from the Colonial Era to 1914*（Cambridge，Mass.：Harvard University Press，1970）and Wilkins，*The Maturing of Multinational Enterprise: American Business Abroad from 1914 to 1970*（Cambridge，Mass.：Harvard University Press，1974）.

以往，国际合资企业与对外直接投资相辅相成，使美国企业能够建立生产能力，满足国外新市场的需求。这些合资合作一般限于产能上的共享。无论是在国内还是在国际上，企业之间很少进行研发方面的合作。为什么国际合资企业最近在商用飞机和其他行业变得如此重要？为什么近期新建的合资企业涵盖的活动范围更广？最根本的原因是，美国企业所处的技术和政策环境发生了变化，使得外国企业对合资企业的潜在贡献度变得更高。这些变化将在下节探讨。

1.3　日益依赖合资企业的根本原因

跨国合资企业增长背后的原因，关系到产品需求的性质、美国企业面临的技术环境、竞争环境，以及工业化国家的贸易政策结构。这些因素对组建合资企业的影响因行业而异。

在探讨促使美国企业加强与外国企业合作的动因时，雷蒙德·S. 弗农（Raymond S. Vernon）的对外直接投资模型具有参考意义[1]。弗农的产品周期（product cycle）模型将美国对外直接投资解释为利用企业专有技术资产的一种机制。弗农识别出促使美国企业开展对外直接投资的关键变量，认为这些变量的变化推动产生了国际商品、技术和资本流动的新渠道，其中一种就是组建从事产品研发和制造的合资企业。弗农的模型假设不同国家市场消费者的需求存在差异，在满足本国国内市场需求的过程中，各国本土企业形成了独特的能力和资产。当国外市场的需求与本国需求相似时，国内本土企业就会选择对外直接投资，这是利用企业特有资产最为有效的手段。在产品周期模型的理论

---

① Raymond S. Vernon, *Sovereignty at Bay*(New York：Basic Books，1971).

框架中,企业本质上是呈现全球经济中各国市场差异的被动渠道。

在商用飞机和某些其他产业,最近组建的国际合资企业在重要性的维度上并不符合产品周期模型的预测。在这些合资企业中,国际资本流动本身并不重要,建立外商独资生产设施的情况也很少,而技术信息和数据、设计和营销能力及管理经验的国际流动才是重中之重。此外,参与合资的企业,其企业特有资产的特征往往与其本国市场的特征关系不大;如今参与合资的企业的属性可能已经不再"受限于国家"①。

对外直接投资的重要性下降,企业对国内市场的依赖程度降低,这两者反映出国际经济环境的变化,而这种变化增加了美国企业与外国合作伙伴成立合资企业的需求。生产要素的供应和产品需求的性质都已改变②。在供给侧,不同工业化经济体的物质资本和熟练技术工人等人力资本的成本日趋接近③,反映了许多外国企业的技术能力大幅提高,外国企业成为对美国企业更具吸引力的潜在合作伙伴。在仍然存在巨大技术差距的行业中,外国企业能够逐渐吸收和利用美国企业的

---

① 约翰·H. 邓宁(John H. Dunning)和约翰·A. 坎特韦尔(John A. Cantwell)提出了类似的观点,他们认为跨国企业越来越依赖于将其在相距甚远的区域之间协调生产活动和转移技术的能力作为竞争优势的来源,而不是依赖其对某一特定资产的所有权。参见 John H. Dunning and John A. Cantwell, "The Changing Role of Multinational Enterprises in the International Creation, Transfer and Diffusion of Technology" (Paper presented at International Conference on the Diffusion of Innovations, Vence, Italy, March 1986)。

② 雷蒙德·S. 弗农就不断变化的国际经济环境提出了类似论点。参见 Raymond Vernon, "The Product Cycle Hypothesis in a New International Environment," *Oxford Bulletin of Economics and Statistics* 41 (1979), pp. 255 – 267。

③ 肯特·琼斯(Kent Jones)指出,工业化国家研发投入占国民生产总值的比例趋同,此外,工业化国家劳动力中研发人员的占比也小幅趋同。哈里·鲍恩(Harry Bowen)还讨论了 1963 年至 1975 年资本与熟练工比率的趋同。K. Jones, "The Economic Implications of Restricting Trade in High-Technology Goods" (Presented at the National Science Foundation Workshop, Economic Implicaitons of Restrictions to Trade in High-Technology Goods, October 3, 1984) 以及 Harry Bowen, "Changes in the International Distribution of Resources and Their Impact on U. S. Comparative Advantage," *Review of Economics and Statistics* 65 (1983), pp. 402 – 414。

先进技术。而在其他行业中，外国企业的技术已经与美国企业旗鼓相当，甚至更为先进，能够在管理或技术方面为合资企业贡献更多力量。在这种情况下，美国企业会与外国企业组建合资企业，作为利用其技术能力的有效手段。

1.3.1　国际需求

与此同时，国际市场上许多商品需求的同质化程度越来越高，受单一市场支配的情况越来越少。美国诸多高科技产品的全球市场份额已经有所下降，如商用飞机，这一趋势将在第 2 章讨论。全球市场需求格局调整促使诸多重要行业中的美国企业全力抢占国外市场，以取得商业成功。成立合资企业是比对外直接投资风险和成本更低的替代方案。在为进入国外市场提供支持方面，合资企业比出口更为有力。

尽管美国诸多高科技行业的全球市场份额有所下降，但迄今为止，美国仍然是大多数制造类产品的最大单一市场。虽然欧洲市场整体规模可能与美国市场相当，甚至更大，但不完全的经济一体化未能终结欧洲高科技产品市场分散的状态。许多美欧或美日合资企业成立的动机是外国企业希望通过此类方式进入美国市场，从而（在某些行业中）凭借新近取得的技术与美国企业平起平坐或超越美国企业。

1.3.2　美国和对外贸易政策

政府的贸易和产业政策对全球产品需求产生了巨大影响。这些政策进一步鼓励美国企业寻求外国合作伙伴共同开展产品研发和制造，并促使外国企业寻求美国合作伙伴以进入美国市场。对于工业化国家及工业化进程中的国家，产业政策的核心目标是发展和维持高附加值产业，促进和稳定制造业高技能人员就业。外国政府的采购决策在商用飞机出口市场中发挥着重要作用，并且经常受到抵销贸易（offsets）

可行性的影响。抵销贸易指由采购国的本国企业生产,甚至设计或研发所采购产品的部分零部件。(抵销贸易有时类似对销贸易或易货贸易,因为采购方会以分期付款的方式提供不相关的产品。)政府对抵销贸易的需求极大地激励了美国制造商将外国企业作为产品研发和制造方面的主要分包商(通常会分担部分财务风险)或平等的合作伙伴。虽然对采购交易(即直接采购)的参与方施加这种官方压力,违反了《关税与贸易总协定》(*General Agreement on Trade and Tariffs*)和《民用航空器贸易协定》(*Agreement on Trade in Civil Aircraft*)(参见第 2 章),但这种做法未来也不太可能会得到遏制①。外国政府也经常为其本国企业提供研发资金和风险资本,加之商用飞机产业的产品研发成本较高且增长迅速,外国企业能从公共来源获取资金大大增加了美国企业选其作为合资伙伴的吸引力。

除了政府对抵销贸易的需求之外,在许多行业中,双边"有序销售"和其他限制外国企业进入美国市场的贸易协定是另一个促进合资合作的主要因素。双边贸易保护协定刺激了外国企业在美国境内开展生产制造业务,从而规避对美出口的限制。例如,丰田公司(Toyota)与通用汽车公司(General Motors)的合作,以及日本钢管公司(Nippon Kokan Steel)与美国国家钢铁公司(National Steel)的合作,都是利用合资企业在美国开展制造活动的实例。

矛盾的是,工业化国家追捧的幼稚产业(infant industry)支持政策,本质上是一种民族主义,却又推动了跨国联合体的发展。早期出现的跨国企业和对外直接投资掀开了"全球企业"(global firm)发展的序

---

① 许多欧洲政府近期试图出售国有企业,例如,英国政府剥离了英国宇航公司(British Aerospace)和英国电信公司(Telecom)的部分业务。此外,意大利、荷兰和德国政府最近也有出售国有航空公司的举动。这可能预示着一些主要国外市场的性质将发生重大变化。不过,这种变化趋势目前影响较小,不会使财政支持和财政压力的非正式关系和来源消失,政府可以通过这些方式对"私有化"公司的购买决策施加较大影响。

幕。全球企业不受国界所限，能够规避工业化国家和发展中国家的政策限制。然而，当前合资浪潮中成立的大部分合资企业所面临的实际情况已非如此[①]。飞机制造等行业的跨国企业如果要在他国生产和销售商品与服务，那么就必须不断了解当地的政策环境并做出应对。

1.3.3　美国反垄断政策

近期有关美国产业竞争力的公开辩论反复提及了美国反垄断政策的作用。美国的反垄断法规是否对美国企业整合科研人才、赢得对外竞争造成了阻碍[②]？从历史上看，美国司法部一直不太反对只开展基础研究的国内合资企业[③]，并且在 1984 年《国家合作研究法》(*National Cooperative Research Act of 1984*)颁布之后，反对力度还进一步减弱。然而在许多行业，反垄断政策一直是促使美国企业在成立新产品研发企业时寻求国外而非本国合作伙伴的动因[④]。第 2、第 3 和第 5 章将讨论美国反垄断政策对商用飞机产业合资企业的影响。

---

① 雷蒙德·S. 弗农和查尔斯·P. 金德勒贝格尔(Charles P. Kindleberger)认为，各国政府相对于跨国公司的议价能力实际上会随着时间的推移而提高，这主要是因为技术扩散削弱了跨国公司在其技术资产方面的市场支配力；各个跨国公司为进入各国国内市场而展开竞争，而各国政府利用跨国公司相互竞争的能力不断增强，从而提高了各国政府的议价能力。参见 Raymond Vernon, *Sovereignty at Bay* and Charles P. Kindleberger, *American Business Abroad: Six Lectures on Direct Investment*(New Haven, Conn. : Yale University Press, 1969)。约瑟夫·M. 格里科(Joseph M. Grieco)在分析印度计算机行业和 IBM 公司时，给出了一个关于此类资产议价的有趣案例研究。参见 Joseph M. Grieco, *Between Dependency and Autonomy: India's Experience with the International Computer Industry*(Berkeley: University of California Press, 1984)。

② Douglas J. Ginsburg, *Antitrust, Uncertainty, and Innovation* (Washington, D. C. : National Research Council, 1980)；以及 National Research Council, *International Competition in Advanced Technology: Decisions for America* (Washington, D. C. : National Research Council, 1983)。

③ Daniel M. Crane, "Joint Research and Development Ventures and the Antitrust Laws," *Harvard Journal on Legislation* 21 (1984), pp. 405 - 458.

④ Richard R. Nelson, *High-Technology Policies: A Five-Nation Comparison* (Washington, D. C. : American Enterprise Institute, 1984), p. 84.

1.3.4　管理和技术创新

美国企业在国内外合资企业中的参与度,也与美国大型跨国企业发展的原因密切相关。美国大型跨国企业的发展在一定程度上是对技术变革的回应。技术变革降低了成本,提高了信息传输、存储和处理的可靠性[1]。组织变革和一些其他技术变革(相对于信息技术本身)的叠加作用,降低了信息成本,在企业内部创造了可观的规模经济和范围经济。信息传输、存储和分析技术本身的最新创新成果进一步降低了信息成本,并在飞机机体和发动机研发与制造方面的企业间合作中发挥了重要作用。研发团队之间实现了技术、试验和其他数据的交换,在研发与生产过程中应用了计算机辅助设计与制造技术,由此大量飞机设计和制造任务被拆分给其他国内外企业,未来大型企业的竞争优势可能会降低[2]。

应用新信息技术大幅降低了信息传输、存储和分析的成本,增加了业务的分包和拆分,在一定程度上降低了规模经济和范围经济的重要性,原本企业正是考虑到规模经济和范围经济而选择在自身内部安排任务。分包和拆分日益增多,这一趋势能持续多久尚不得而知。市场营销对飞机的销售和创新都至关重要,似乎依然具有可观的企业内部规模经济。然而,随着技术变革,市场营销类资产的企业专有特性甚至也可能会改变。

---

[1]　参见 Chandler,*The Visible Hand*。

[2]　迈克尔·J. 皮里奥(Michael J. Piore)和查尔斯·F. 萨贝尔(Charles F. Sabel)详细讨论了这一趋势的一些影响。参见 M. J. Piore and C. F. Sabel,*The Second Industrial Divide*(New York:Basic Books,1984)。

1.4 为什么合资企业是商用飞机产业的主力军？

上述这些根本原因，例如全球市场需求、外国技术能力和外国政府贸易政策的变化等，对美国所有出口产业都造成了影响。尽管合资企业对美国大多数制造业的重要性均有所增加，但对商用飞机和发动机产业的重要性最为突出。在商用飞机和发动机产业中，美国企业在过去 10 年间开展的几乎所有产品研发项目都有大量外国企业参与。商用飞机市场和技术的哪些特征提高了合资企业在该产业中的重要性？

这些特征（第 2 章将做详细阐述）包括规模巨大的商业风险和研发成本（特别是与产业中大多数企业的资产净值相比）。近年来，商用飞机产业的商业风险和研发成本急剧上升，产业内"军转民"技术的溢出效应在减少，意味着私有企业必须承担更大份额的机体或发动机研发成本。美国放松国内航空运输管制，也在一定程度上降低了飞机需求的稳定性和确定性，进一步加剧了飞机制造商的财务风险。此外，在全球飞机市场中，美国的需求不断下降，增加了出口对美国企业的重要性。而在许多出口市场，政府发挥的作用越来越大，外国企业参与生产或研发成为美国企业出口进入该国市场的先决条件，同时，政府还能提供低成本的资金支持。

除了成立合资企业外，另一种合作方式是美国飞机制造商提供商用飞机设计国际技术许可，不过这种做法十分少见。类似的例子包括派珀飞机公司（Piper Aircraft）1974 年授权巴西生产通航飞机，以及中国与麦道公司于 1985 年签订授权协议。在这两个例子中，经许可生产的飞机主要服务于被许可方的国内市场而不是国际市场，从而降低了许可方建立全球分销和服务网络的需要。上述两项许可协议针对的是技术成熟飞机的生产,与许可最前沿的先进设计相比,合作协议起草与合同谈判都相对容易。

飞机和发动机设计,本质上是一项需要集成众多复杂子系统的工作,包含大量的隐性知识或企业专有技术及专业知识,因此通过许可进行公平的技术转移通常不切实际。虽然单个特定机型的总产量很少会超过 600 架,但丰富的生产经验依然有助于降低部件生产和装配的成本,而且对于特定机型的商业可行性至关重要。学习效应的重要性意味着,在大多数情况下,开展离岸装配业务(如通过对外直接投资)在经济上是不可行的。最后,负责市场营销和售后服务的组织要收集产品性能信息并传递给研发设计人员用于重大设计更改,这也是至关重要的。适用于商用飞机的技术资产利用途径,必须能保持市场营销、产品支持和设计之间的联系,这就削弱了技术许可的吸引力。

在上述因素的综合影响下,美国飞机和发动机制造商更多地寻求外国企业参与新机型的融资、研发和生产,采取的合作形式通常都是合资。商用飞机设计和制造的技术能力大多依附于组织机构,很难从母公司拆分出来。因此,成立合资企业在获取风险资本和实现市场准入方面颇具吸引力。

1.5 对公共政策和私有企业管理的影响

大多数合资企业的核心是技术交流或转移,这一事实为公共政策和私有企业管理提出了新的问题。第 5 章将对这些问题进行更详细的论述。很显然,通过合资企业向外国企业转移技术的动态影响是——

可能会增加外国竞争对手的数量，或增强现有外国竞争对手的能力[1]。因此，本书将详细讨论合资企业内的技术转移规模，以及技术转移对外国企业能力的影响。美国与外国企业和政府之间的军事联合生产协议（其中许多协议已执行近30年）带来的技术与竞争效应，可以为这一问题提供一些参考答案。显然，合资企业促进了技术转移，但在某种程度上不利于美国飞机制造业长期发展，那么就有必要严格审查外国研发资金的作用、外国政府的"定向采购"政策，以及允许通过合资企业进行技术转移的美国反垄断法规。

　　一个密切相关的政策问题在于，大型主制造商，或称总承包商，即波音公司、麦道公司、联合技术（United Technologies）和GE公司等企业，它们拥有设计和生产新款飞机与发动机所需的资金和技术，由它们组建的合资企业会对美国飞机制造业中的"二级"供应商带来什么影响？美国飞机制造业中的供应商已经感受到合资企业——尤其是牵涉外国风险分担分包商的合资企业——所带来的巨大冲击。通过军事联合生产项目或新设合资企业所转移的大多数技术已经对该领域造成影响，外国企业在飞机零部件生产中的作用越来越大。这一细分领域是美国国防工业基础的重要组成部分，有许多美国供应商同时为军用和民用飞机提供零部件。鉴于美国飞机制造业的国内供应商正受到合资经营活动的影响，政策上可能需要考虑限制美外合资企业，或者直接为国内飞机零部件制造商提供支持。但即使美国供应商因合资企业而面临日益激烈的外国竞争，飞机制造业的国际化客观上也为美国供应商带来了巨大收益，因为大多数外国商用飞机都广泛

---

① 罗伯特·B. 赖克（Robert B. Reich）和埃里克·D. 曼金（Eric D. Mankin）针对与日本公司组建合资企业对美国产业竞争力造成的潜在危险提出了极端的观点。R. B. Reich and E. D. Mankin, "Joint Ventures with Japan Give Away Our Future," *Harvard Business Review*, March/April 1986。

应用美国生产的零部件。

当然,跨国合资企业除了给政策制定带来复杂影响外,还带来了具有挑战性的管理问题。技术是许多跨国合资企业关注的重点,合资企业对于技术组合的管理,以及对将部分技术能力转移给特定合作伙伴的过程管理,显得尤为重要。近期许多美国企业内部在技术研发管理方面(更不用说国际环境下的技术转移)的表现表明,关于这方面的学术知识和管理知识仍然有所欠缺。美国企业和潜在外国合作伙伴的管理人员都必须认识到,不愿转移关键技术的技术优势企业,与技术劣势企业之间,可能存在动机上的冲突,合资企业内部能转移多少技术,可能会决定技术劣势企业是否参与合资。

由于希望实现最大程度的技术转移和学习,技术劣势的合作伙伴会试图参与到项目的各个方面,这可能增加合资企业的管理难度。在合资企业中,专业化参与和一般性参与这两种方式是对立的。专业化参与可以提高商业成功和技术成功的可能性,而一般性参与在提高企业内部的技术转移和学习数量的同时,还可能削弱特定项目的商业可行性或增加管理难度。在第 3 章和第 4 章讨论的合资企业成功案例中,大多数企业都采用了专业化参与的方式。合资企业管理的复杂性也意味着,与技术要求较低的项目相比,在合资企业内部开展技术创新类项目的可行性可能更低。为了实现特定的成本或产出目标,各合作伙伴需要大幅调整生产技术和管理实践,协调起来可能相当困难。

最后,合资企业的结构也给管理带来了额外的挑战。地位平等的合作伙伴如何做决策?如何将潜在客户反馈的意见落实到设计中?如何承担产品支持的责任?如何将产品运营经验嵌入设计更改?在某些情况下,对一系列设计、营销、生产和产品支持问题承担一揽子权责的自主管理结构才是可取的。但由于需要重复许多高级工程和设计职能,这种管理结构的成本也很高。对于合资企业而言,不存在最佳的管理结构,管理结构的设计取决于参与合资的各个合作伙伴企业在财务与技术方面的贡献和能力等因素。

第 2 章
美国商用飞机产业的市场结构和技术

2.1 美国商用飞机产业的经济意义与技术意义

在整个二战后时期，美国商用飞机产业始终保持着创新性和国际竞争力[1]。美国民用航空运输业是商用飞机和发动机创新的主要受益产业，仅有电信服务业能媲美该产业的生产率增长[2]。1983 年，航空航天业（包括导弹、航天器和飞机）的销售总额近 760 亿美元（1972 年为 280 亿美元），占国民生产总值的 2% 以上。其中，军用和民用飞机、发

---

[1]　本章讨论的内容来自 David C. Mowery，"Federal Funding of R&D in Transportation：The Case of Aviation"（Presented at *the National Academy of Sciences Symposium on the Impact of Federal R&D Funding*，Washington，D. C. ，November 21 - 22，1985）；Mowery and Nathan Rosenberg，"The Commercial Aircraft Industry，" in Richard R. Nelson，ed. ，*Government and Technical Progress: A Cross-Industry Analysis* （New York：Pergamon Press，1982）；and Mowery and Rosenberg，"Competition and Cooperation：The U. S. and Japanese Commercial Aircraft Industries，" *California Management Review*，1985。

[2]　参见 John W. Kendrick，*Productivity Trends in the United States*（Princeton，N. J. ：Princeton University Press，1961）or John W. Kendrick，*Postwar Productivity Trends in the United States*，1948 - 69（New York：Columbia University Press，1973）。同样参见 Barbara M. Fraumeni and Dale W. Jorgenson，"The Role of Capital in U. S. Economic Growth，1948 - 76，" in G. M. von Furstenberg，ed. ，*Capital，Efficiency and Growth*（Cambridge，Mass. ：Ballinger Publishing Co. ，1980）。另外，对 1939 年以来美国国内航空运输机队客英里运营成本降低所带来的"社会节余"的计算表明，节余的比例达到近 75%。换言之，使用 1939 年的设备来运输 1983 年的乘客量将花费 240 亿美元（以 1972 年美元计），而不是目前不到 60 亿美元的成本。更多讨论参见 Mowery，"Federal Funding of R&D"。

动机和零部件的销售额为 412 亿美元(1972 年为 152 亿美元)①。1982 年,飞机制造业还为美国对外贸易做出了重要贡献:飞机、发动机和零部件的出口额达 151 亿美元(1972 年为 70 亿美元),是制成品出口货物中的最大单一类别。

飞机制造业是研发投资费用支出的主要产业。商用和军用飞机的研发支出(1983 年近 74％的研发费用由联邦基金提供)占 1983 年研发总支出的 14％,仅电子产业超过了这一水平。飞机制造业对零部件的需求也使其与其他高科技产业建立了重要联系②。飞机制造业与电子产业之间的联系最为密切,例如,航电设备、计算机辅助设计与制造。飞机制造业还为复杂材料的研发和制造提供了支持。事实上,飞机制造业技术快速进步的一个主要原因是其能够借鉴其他高科技产业的创新并从中受益。

机体或发动机设计集成了包括电子、液压和材料在内的多项技术和复杂子系统。这些单列出来都很复杂的系统或组件之间是相互作用的,且直接影响飞机的性能,即使借助计算机辅助设计和模拟技术也很难对其进行预测。机体或发动机的设计研发过程存在极大的不确定性,因此系统集成和设计阶段对于新机型研制至关重要。飞机和发动机的产品研发是一个设计密集型过程;在研发项目中,大部分成本和时

---

① 所有数据均来自 Aerospace Industries Association, *Aerospace Facts and Figures*, 1983/84 (New York: McGraw-Hill, 1983)。

② 科技政策办公室通过在 1981 年进行的航空研发研究得出了以下结论:"……航空工业的特点是研究强度高,技术基础广泛。换言之,航空工程不仅依赖于航空业内进行的研究和技术研发(R&T),还依赖几乎所有其他高科技产业进行的研究和技术研发(V-28)。"美国商务部国际贸易管理局最近的一项研究分析了美国各个行业"固有的"研究强度,从中可以获得对上述特征的数据支持。"固有的"研究强度用于说明某一行业购买的投入资源中的研发支出。基于这一指数,飞机制造业在美国制造业中排名第三,其"固有的"研究强度占 1980 年出货价值的 15.4％,仅次于导弹与航天器产业和电子元件产业。参见 Office of Science and Technology Policy, *Aeronautical Research and Technology Policy*, vol. 2, *Final Report* (Washington, D. C.: Executive Office of the President, 1982), V-28; *An Assessment of U. S. Competitiveness in High Technology Industries* (Washington, D. C.: U. S. Government Printing Office, 1983), p. 42。

间用于开展设计工作①，而市场和技术会不断地变化，导致设计阶段更为漫长。为了适应航空公司客户的不同需求，飞机制造商在确定某款机型的设计方案之前，会制定数十种"纸面飞机"方案。约翰·E.斯坦纳（John E. Steiner）指出：

> ……找到不同航空公司需求的共同点是一个极为痛苦的过程。所有商业项目都会经历类似的过程。工程师必须与众多航空公司合作，而不仅仅局限于那些最有可能成为启动客户的少数几家航空公司②。

波音727的研发过程耗时两年半，其间提出了至少9种完整的飞机设计方案。在波音767研发过程中，"设计定义"阶段持续了近6年③。美国的飞机和发动机制造商目前在新产品研发的设计阶段具有较大优势，只有英国宇航公司和法国宇航公司等少数几家外国竞争对手。虽然设计阶段可能十分漫长，但一旦决定推出某款机型或发动机，就必须迅速将其推向市场。从历史上看，美国制造商从设计转向生产的速度比欧洲制造商更快④。设计和设计管理能力，以及从设计到生产

---

① 参见 John E. Steiner，"How Decisions Are Made," *AIAA Wright Brothers Lectureship in Aeronautics*，*Seattle*，Washington，1982。

② 同上，第14页。

③ "当市场成熟时，成功的制造商可能不得不离开市场。有时，快速站稳脚跟的企业会获得最终的成功……"同上，第31页。

④ "尽管在美国和欧洲，民用和军用飞机从设计到服役所需的时间逐年增加，但20世纪60年代后期的数据显示，美国飞机从设计到服役所需的时间远远短于英国和法国。英国和法国民用飞机的平均研发时间分别为52个月和62个月，而美国则是43个月。"参见 M. S. Hochmuth，*Organizing the Transnational: The Experience with Transnational Enterprise in Advanced Technology*（Cambridge，Mass.：Harvard University Press，1974），p. 149。英国飞机公司 BAC 111 机型的研发经验具有启发意义。BAC 111 是一款三发中程客机，其设计与波音727的设计极为相似。尽管 BAC 111 比波音727的研发启动时间早一年多，但是波音727率先进入商用飞机市场，大大降低了 BAC 111 的销量，导致了其商业上的失败。

过渡的管理能力是决定该产业商业成败最重要的因素之一。

制造商可能会长时间生产某一款机型。波音 727 已经生产 20 年。DC - 8 于 1957 年开始制造,直到 1972 年才停产,许多业内人士仍认为这一停产时间早于预期。不过,飞机设计往往会历经一些重大更改——例如,为容纳更多乘客,可能会加长机体。要想设计出有"加长"潜力的飞机,先不论其他,首先需要研发出无须重大更改或重新设计,就能适应飞机商载大幅增加或更换新发动机的机翼。这可能需要在当前机翼设计中应用复合材料或铝锂合金等新材料。生产设施的设计也必须能够适应飞机机体长度的变化。

加长机体的经济意义不容小觑。这种做法可以将设计和研发的高额固定成本分摊到新细分市场的额外销售额上(加长机体的增量成本很少会超过研发成本的 25%),还可以将生产学习曲线下降带来的大幅成本缩减应用于加长后的新机型上。因此,设计决策不仅会对飞机初始型号的成功与否产生重大影响,还会影响日后加长机体等设计更改的难易程度①。

在飞机或发动机设计的全生命周期中,除了加长机体和更换新款发动机外,往往还会实施其他更改。要不要更改,以及如何更改,在很大程度上取决于产品投入市场后,对运营情况进行密切监控而获得的信息。这种监控反馈,以及备件的全球供应和现场服务非常关键,意味着全球营销和产品支持机构对新飞机设计能否实现商业成功起到至关重要的作用。产品支持网络是企业重要的资产,商用飞机产业中的美国企业在此方面通常领先于潜在的市场参与者,英国老牌发动机和飞机制造商除外,空客公司在产品支持网络拓展方面投入了大量资金。

---

① 一些观察人士认为,空客 A300 和 A310 加长潜力有限,阻碍了这两款机型的商业前景。虽然空客 A300 和 A310 采用大量相同的部件和机身部段,但两款飞机采用截然不同的机翼,而这正好是最昂贵和最复杂的机体部件之一。

建立产品支持和营销网络，是进入飞机制造业的一个主要壁垒。此外，维系该网络需要投入高昂的固定成本，也是促使制造商推出多种不同型号飞机或发动机的强大动力。若能为特定类别的客户，例如商业航空公司，提供涵盖飞机或发动机市场所有细分领域的全系列产品，制造商所建立的营销网络就能得到充分利用。生产全系列产品还可以使该产品系列中任何一款产品都更具市场前景。航空公司引进同一家飞机或发动机制造商的产品，可以降低维护和培训成本，减少备件库存[1]。因此在商业上，飞机或发动机制造商的产品线具备一定的广度也很重要[2]。

高昂的新产品研发成本，是飞机制造业的另一个准入壁垒。研发成本呈急剧上升的态势，从 1930 年到 1970 年，以平均每年近 20% 的速度增长（以定值美元计算），远超飞机重量 8.5% 的年增长率。20 世纪 30 年代，道格拉斯 DC-3 的研发成本约为 300 万美元[3]。1958 年开始生产的 DC-8 耗资近 1.12 亿美元。20 世纪 70 年代初开始投产的波音 747 耗资 10 亿美元。波音 767 的预计研发成本约为 15 亿美元。一

---

① 西北东方航空公司机队主要由波音飞机组成，仅配备普惠发动机。最近一项针对该航空公司的讨论指出，发动机和机型统一化使西北东方航空公司保有的备件和库存相当于机队价值的 9% 左右，而业内平均水平约为 22%。西北东方航空公司首席执行官 Steven G. Rothmeier 表示："仅在持有成本方面，这一差异每年就能带来数百万美元的价值。"Carole A. Schifrin, "Boeing Launches Long-Haul 747-400 with Northwest Order," *Aviation Week and Space Technology*, October 28, 1985, pp. 33-34。

② 正如后文所述，产品系列化的商业重要性意味着空客公司开展系列化设计研发（包括空客 A300-600、空客 A310 和空客 A320）的决定可能是该公司最重要的战略决策之一。由于美国大型航空公司加大了对通勤航空公司的收购力度，而且市场对干线航空公司与通勤航空公司之间运营协议的依赖性与日俱增，波音公司最近收购了加拿大德·哈维兰公司，以期扩展其产品系列中的机型。参见 Richard G. O'Lone, "Boeing Cools on Cooperative Programs," *Aviation Week and Space Technology*, June 6, 1977, pp. 218-219。

③ R. Miller and D. Sawers, *The Technical Development of Modern Aviation* (London: Routledge & Kegan Paul, 1968), p. 267。

款 150 座级商用飞机的预计研发成本高达或可超过 25 亿美元①。后文还会详细讨论 V2500 发动机,这是一款为 150 座级飞机设计的高涵道比发动机,预计研发成本为 15 亿美元。研发成本的增长意味着,在市场前景和技术可行性最不确定的这一阶段产生的成本,占新机型引入成本的比例不断增加。

近年来,飞机制造分包业务大幅增长,部分原因是为了应对研发成本激增。约翰·雷(John Rae)表示,20 世纪 30 年代,分包业务"仅占行业业务的不足 10%②。"而到 20 世纪 50 年代中期,洛克希德公司将伊莱克特拉(Electra)涡桨飞机 30%～40% 的装配工作分包了出去。米尔顿·霍克默思(Milton Hochmuth)表示,波音 747 项目中,有 6 家主要的分包商承担了 70% 的装配工作。在飞机制造业中,分包发挥着分担风险的重要作用。正如在波音 767 和 747 项目中,分包商承担了大部分商业风险(参见第 3 章)。目前,该产业内许多美国企业组建跨国合资企业的动机是希望降低新产品研发的财务风险。

与一家企业的股东权益总额进行对比,就能充分体现出(商用飞机项目)固定成本的规模之巨大。比如在 1984 年,波音公司的股东权益总额为 27 亿美元。高昂的固定成本导致短期平均成本曲线下降。还有另外两个因素也决定了该行业的成本。第一个因素是大多数机型的产量均较低。自 20 世纪 50 年代初商用喷气飞机进入市场以来,投产的 23 款机型中只有 4 款机型(DC－9/MD－80,波音 707、727 和 737)的销量超过 600 架。由于某一机型的在产时间可能会长达 10～20 年,飞机制造业的"吞吐量/流量"(一定时期内的生产量)较低;平均年产量

<hr />

① 英国宇航公司最近参与了 150 座级的空客 A320 机型 26% 的研发和生产活动以及成本的竞标,竞标价格预计为 9 亿美元,这意味着空客 A320 的总成本接近 30 亿美元。参见 Arthur Reed, "Airbus A320 Launched with British Loan to BAe," *Air Transport World*, April 1984, pp. 17 - 18.

② John Rae, *Climb to Greatness* (Cambridge, Mass.: M. I. T. Press, 1968), p. 83.

不仅低，还存在较大波动——高峰产量可为低谷产量的 8 倍。

第二个因素是累计产量与成本降低之间存在函数关系（即学习曲线），这是该行业一个重要的成本规律。学习曲线理论首次出现是在二战时期的机体生产领域[1]。随着一款机型产量不断提升，成本会大幅降低——大多数预测显示，若飞机产量翻倍，单位成本可下降多达 20%。雷切尔·麦卡洛克（Rachel McCulloch）指出，固定成本高，成本会动态下降，这两点在极大程度上鼓励了各家企业在飞机或发动机早期生产阶段以低于平均单位成本的价格出售产品，以提高销售量和产量，从而降低成本。当然，除了这种"掠夺性定价"行为之外，显著的学习效应还意味着，政府对国内市场的支持或保护有助于该市场的国内企业更快地降低学习曲线，提高国际竞争力。正如保罗·W. 克鲁格曼（Paul W. Krugman）所说，通过保护国内市场，让本土企业通过生产上的学习效应显著降低成本，最终政府对国内需求的政策支持可能会刺激到出口[2]。

2.2　产业结构

商用飞机产业包括机体和发动机这两个领域。在这一产业里，没

---

① 参见 Alchian（1963）和 Hirsch（1976）。"曲线"仅指生产成本随累计产量增加而下降。

② 很显然，这种以出口为导向的幼稚产业战略的成功取决于多个因素，包括国内市场的规模、学习曲线的斜率及服务于受保护市场的企业能否比外国企业更快降低成本。第 4 章对国内市场规模的重要性进行了更详细的论述。参见 R. McCulloch, "International Competition in High-Technology Industries: The Consequences of Alternative Trade Regimes for Aircraft"（Presented at *the National Science Foundation Workshop on the Economic Implications of Restrictions to Trade in High-Technology Goods*, Washington, D. C., October 3, 1984）; Paul W. Krugman, "Import Protection as Export Promotion: International Competition in the Presence of Oligopoly and Economies of Scale," in H. Kierzkowski, ed., *Monopolistic Competition and International Trade* (Oxford: Oxford University Press, 1984)。

有哪个企业会同时覆盖两个领域的业务。虽然机体设计离不开对推进系统技术的深入了解（反之亦然），但这两个细分领域的制造商结构和技术特征呈现出一些有趣的异同。

过去20年，无论是商用机体市场还是商用喷气发动机市场，制造商数量都在逐渐减少。首款高涵道比发动机——一项为波音747、DC-10和L-1011提供4.5万～5.5万磅推力的发动机研发项目，引发了普惠公司、GE公司和罗-罗公司之间的激烈竞争。最终罗-罗公司破产并被收归国有，连带将其新款发动机的主要客户洛克希德公司推到了破产边缘。此后，商用发动机细分成了三个市场：推力为2万～2.7万磅[①]的发动机，为波音737-300和DC-9/MD-80提供动力；推力为3万～4万磅的发动机，为波音757提供动力；以及推力为5万～6万磅的发动机，为波音767、波音747、空客A300-600和空客A310提供动力。针对这三个细分市场，制造商已经研发或正在研发新的高涵道比发动机[②]。

跟随英国和德国的步伐，GE公司在二战期间和二战后为美国军方研发喷气发动机。1945年，GE公司、西屋电气公司和通用汽车阿里逊分部都在推进各自的发动机研发项目。此后不久，普惠公司也加入此列。而到了20世纪60年代中期，美国主要喷气发动机制造商只剩下GE公司和普惠公司。普惠公司推出了JT8和JT9系列发动机，并与波音公司保持密切的合作关系，在20世纪60年代到70年代初占据商用喷气发动机市场主导地位。随着GE公司和罗-罗公司在过去十年的市场份额不断增加，普惠公司在发动机市场的地位有所下降。巴

---

① 译者注：1磅力＝4.448牛顿。
② 涵道比反映绕过中央核心压气机且通过发动机的空气量与通过发动机的空气总量之间的关系。由于核心压气机和发动机风扇设计得到改进，涵道比有所提高，因此同等量的燃油可以产生更大的推力，从而降低运营成本。

里·布卢斯通（Barry Bluestone）等人估算，1966 年，普惠公司获得了超过 90% 的大型商用发动机订单，而 GE 公司仅为 1.7%。到 1978 年，GE 公司在订单总量中所占份额攀升至 24.6%，而普惠公司的份额下降至 62.7%①。

20 世纪 70 年代，这三家发动机制造商均选择退出了一个或多个发动机细分市场，这种趋势一直持续到最近，这很可能导致无论在哪一个细分市场上，都不会存在两家以上的制造商。这种退出，往往以三家企业中的两家组建合资企业的形式发生。例如，罗-罗公司与普惠公司成立了研制 V2500 发动机的合资企业；GE 公司与罗-罗公司也曾达成合作生产大型发动机的协议，但已终止。目前，GE 公司、罗-罗公司和普惠公司是大型发动机高端市场的主要制造商，普惠公司生产 JT9D 和 PW4000，罗-罗公司生产 RB211 - 524，GE 公司生产 CF6 - 80。与此同时，普惠公司和罗-罗公司分别凭借 PW2037 和 RB211 - 535 在中端市场展开竞争。GE 公司和斯奈克玛公司组建的合资企业 CFM 国际公司占据低端市场，其产品与普惠公司和罗-罗公司合资企业的产品（V2500 发动机，由国际航空发动机公司管理）及普惠公司 JT8D 的衍生产品进行竞争。虽然各个细分市场中活跃的企业数量有所下降，但如今的飞机机体设计可以适配多款发动机，发动机市场的竞争变得更加激烈。

纵观商用飞机产业近些年的发展历程，新飞机的研发主要是由新发动机的研发推动的。全新发动机的研发是决定机体研发时机的关键因素，通常发动机研发所需的时间比机体研发所需的时间多出一年。20 世纪 70 年代，机体制造商多次就研发新机型展开讨论，但却因缺少

---

① 从维护成本、推力下降和发动机可靠性的角度来看，JT9D 发动机刚开始配备在波音 747 上时经历了困难时期。（Steiner, "How Decisions Are Made," p. 24.）JT9D 发动机后续型号的维护性和可靠性更高。

新型发动机而受到阻碍。也有不一样的情况,CFM56发动机(参见第3章)在早期阶段曾因缺少可配备的机体而备受困扰。当然,若能认识到一款全新的发动机在刚投入使用时会面临诸多困难,出现可靠性低和维护费用高的情况(例如与波音747飞机同时开始研发的JT9D发动机)①,机体制造商和航空公司客户可能就不会如此渴望装备全新发动机的新机型了。

　　发动机制造与机体制造的技术也有所不同。事实上,发动机的产量通常要比机体产量高得多。考虑到所有大型商用飞机都会配备多台发动机,还会配有一台备用发动机,这种产量上的差异就不足为奇了。这意味着相比于机体,发动机由于建立多条生产线而导致的学习曲线和固定投入等方面的惩罚成本没那么严重。由可变生产成本降低产生的规模经济,在发动机生产领域可能并不十分重要,但是发动机试验和设计的固定成本依然是一笔巨额投入,构成了发动机研发和生产领域的准入壁垒。机体与发动机的另一个差异是,发动机的盈利能力更多地取决于首次交易之后零部件备件的销售量。很多业内人士估计,一台发动机的所有部件在10~15年后都需要更换。因此,发动机制造商既是承担大型研发和集成项目的主制造商,也是备件和组件的供应商。

　　发动机和机体两个领域在设计、生产和营销手段方面存在相似之处。首先,两者的高端细分市场(例如,波音747、CF6‐80、JT9D和PW4000)是利润最高的市场,机体制造领域没有竞争,发动机领域备件需求巨大。其次,像机体可以加长一样,发动机也具有系列化发展的能力;不过系列化可能会降低发动机的性能品质。通过设计改进和新材料应用,调整压气机、涡轮机和进气口温度,可以使一款基本型发动机

---

① Barry Bluestone, Peter Jordan and Mark Sullivan, *Aircraft Industry Dynamics: An Analysis of Competition, Capital and Labor* (Boston: Auburn House Publishing, 1981).

（例如罗-罗 RB211 发动机）的推力达到 3.8 万～5.8 万磅。最后，机体和发动机都需要庞大的产品支持网络。

二战后时期，喷气发动机开始主导大型商用运输市场，机体和发动机制造商的市场份额都发生了巨大变化。商用飞机制造商采用喷气发动机和电子技术，也大大增加了新型商用飞机的研发成本。

许多机体制造商已经退出了历史舞台。四发螺旋桨运输机鼎盛之时，道格拉斯公司、洛克希德公司、康维尔公司（当时名为 Consolidated Vultee）和马丁（Martin）公司占据了商用飞机市场。然而，继 1958 年波音公司推出波音 707、道格拉斯公司紧随其后推出 DC-8 之后，洛克希德公司、马丁公司和康维尔公司（此时已是通用动力旗下的一个分部，负责生产 CV-880 和 CV-990）开始没落，其中只有洛克希德公司在 20 世纪 70 年代因推出 L-1011 而短暂崛起。如同道格拉斯公司在 20 世纪 30 年代独霸商用飞机市场一样，波音公司在过去 20 年已占据市场主导地位。从 1952 年到 1983 年生产的所有商用喷气式飞机中，近 55% 由波音公司制造。美国境内唯一的另一家大型商用飞机制造商是麦道公司，虽然该公司可能很快会宣布推出 DC-10 的衍生机型 MD-11，但其主要产品仍为 MD-80 及其衍生型。

尽管制造商数量很少，但在整个二战后时期，发动机和机体市场的竞争都十分激烈。固定成本高，大客户数量较少，两个市场都出现寡头甚至垄断格局。机体制造商之间的竞争已导致多家大公司近乎倒闭。

1966 年，道格拉斯公司因财务管理不善及 DC-9 销售投入过大而濒临破产。尽管储备订单的价值达到 23 亿美元，但道格拉斯公司还是在 1967 年被迫与麦克唐纳公司合并，该举动得到了美国司法部的默许，并获得了 7 500 万美元联邦担保贷款。洛克希德 L-1011 与麦道 DC-10 两款机型之间激烈竞争，L-1011 的唯一发动机供应商罗-罗公司破产，以及参与竞争军方 C-5A 运输机项目，以上种种导致了洛克希德公司几近破产。1971 年，洛克希德公司获得了 2.5 亿美元的联邦贷款担保，才免于倒闭。20 世纪 60 年代末至 70 年代初，波音公司也曾险些爆发财务危机。波音公司当时在保持波音 707 和 727 高产量的同时，还在研发首款宽体客机 747，并为联邦政府研发超声速运输机。在超声速运输机项目夭折和波音 747 飞机推出之后，波音公司实施了大规模裁员。

由于军方订单和备件订单较为稳定，美国主要发动机制造商在二战后并未遭遇类似波折。不过，争夺洛克希德 L-1011 发动机首批订单，最终导致赢得订单的罗-罗公司倒闭。商用飞机和发动机产业都存在大量供应商和分包商，这些供应商和分包商为少数主制造商生产组件和部件。在美国，此类供应商多达 1.5 万家，其中许多供应商同时生产军用和民用飞机部件。受商用飞机国际合资企业、军用飞机外国联合生产和抵销贸易等影响，如今许多美国供应商面临来自外国生产商更为激烈的竞争。

2.3 技术变革的经费来源

商用飞机产业所展现的技术创新水平令人印象深刻。商用飞机产业至少从三个外部领域中受益，分别是冶金和电子等产业的创新、政府支持的民航研究，以及军方采购和研究支持项目[①]。图 2-1 显示了 1945 年至 1982 年美国军方、联邦民用航空研究项目[包括美国原子能委员会、美国联邦航空管理局（Federal Aviation

---

① 莫厄里和罗森伯格（Rosenberg）发表的"The Commercial Aircraft Industry"中讨论了创新在其他行业中的作用。

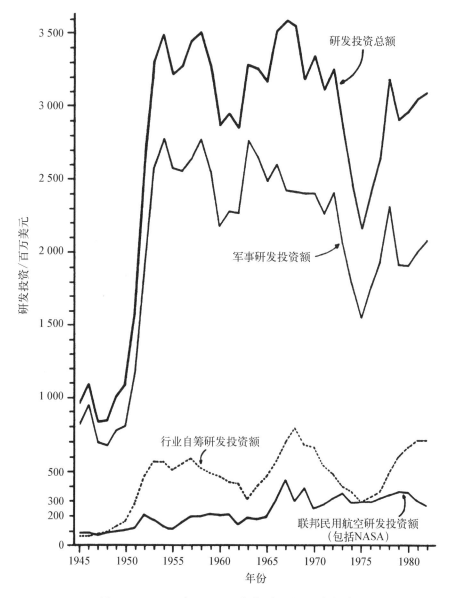

图 2-1　1945 年至 1982 年年度飞机研发投资

［资料来源：1945 年至 1969 年的数据来自博思艾伦咨询公司的 *Applied Research for the NASA - Department of Transportation*（1971），投资金额换算以 1972 年美元计算。1969 年后的研发数据来自《航空航天事实与数据》及美国国家科学基金会的产品领域研发数据，为计入独立研发数据，本书对该数据进行了修改］

Administration，FAA）、美国国家航空咨询委员会（National Advisory Committee for Aeronautics，NACA）和美国国家航空航天局（National Aeronautics and Space Administration，NASA）]和商用飞机制造业在商用和军用飞机研发投资方面的变化趋势，研发数据以 1972 年美元计算①，行业研发投资不包括联邦政府采购合同针对自主研发的间接补贴。

1945 年至 1982 年，包括行业和联邦政府在内，所有来源的研发支出总额实际增长了 224% 以上，从 1945 年的 9.63 亿美元增至 1982 年的约 31 亿美元。20 世纪 40 年代后期到 50 年代初期，冷战爆发，局势紧张，美国重整军备。绝大部分增长就发生在二战结束后的十年中。事实上，自 20 世纪 50 年代初以来，美国飞机制造业内所有来源的研发投资总额基本上没有发生变化（在 30 亿～32 亿美元左右波动，变化可忽略不计）。其中，军事研究经费从 1945 年的 8.2 亿美元增至 1982 年的 21 亿美元（若有出入，1982 年的数据可能有所夸大，因为联邦政府调整了 1969 年后支付给 NASA 和军事承包商自主研发的间接补贴数据）。在整个二战后时期，军事研发支出占军民飞机制造业年度研发总支出的比例从未低于 65%②。

NASA 用于航空领域的研究经费在整个二战后时期都以较低的速度增长，并且自 20 世纪 60 年代后期以来基本保持不变。在图 2-1 中可以明显看到，NASA 的前身——NACA 提供的研究经费在飞机制造业研发投资总额中占据的比例日益下降。1945 年 NACA 提供的研究

① 莫厄里在 Federal Funding of R&D 中说明了研发日期。

② 尽管在商用和军用飞机制造业的研发投资总额中，军用飞机部分占比一直很高，但商用飞机技术带来的收益规模尚不确定。显然，许多军用飞机基础研究产生的成果也适用于商用飞机。然而，在军用研究中，研发通常占据了极大的比例（至少 60%），其带来的商业利益在二战后时期有所波动。本章后半部分将对"溢出效应"问题进行更详细的讨论。

资金超过了行业自筹研发投资总额，但到20世纪50年代中期，该资金占行业研发支出的比例已不足20%。不过，到20世纪70年代后期，随着行业自筹研发活动的减少，NASA资金的比例相对增加，即使该项资金的增长率是下降的。美国原子能委员会也为飞机和航天器核动力推进方面的研究项目提供支持，而FAA则为导航仪器研究提供支持，并在20世纪60年代投资进行超声速运输机研究。

行业自筹研发投资额在二战后呈上下波动的态势，与美国制造业私有投资研发活动的总体模式形成鲜明对比。图2-1显示了二战后三代机体和发动机的研发投资变化情况。在20世纪50年代初（研发首款商用喷气式飞机）、20世纪60年代后期（第一批宽体飞机和高涵道比发动机研制成功）和20世纪70年代后期（研发配备较小推力级别的高涵道比发动机的新一代飞机），研发支出快速增长。

1945年至1982年，所有来源的飞机研发投资总额累计达到近1 040亿美元（以1972年美元计算）。其中，近74%（即770亿美元）由军方提供。在此期间，行业自筹研发投资额为174亿美元，约占总额的17%。针对该行业的联邦政府非国防研发支出仅占联邦政府投资总额的一小部分，总计约为90亿美元。联邦政府的这笔巨额支出显然不仅仅只是为了支持商用飞机的技术创新，其中大部分是出于国家安全考虑。尽管如此，联邦政府投资军用飞机技术研发，也对商用飞机的创新进程产生了重大影响。

2.4 联邦政府对民用飞机研究的支持

商用飞机产业在美国制造业中拥有独一无二的地位，因为有一个政府研究机构（NACA，后演变为NASA）长期开展和支持航空领域和推进系统的研究,这一直被视为联邦政府对特定行业内具有广泛应用潜力的通用技术研究给予支持的成功范例①。二战之前,NACA 很少进行基础研究,主要是为飞机制造业提供基础研究设施,例如大量的试验设计数据和试验设备②。二战之后,航空研究的分工有所变化。各大飞机制造商内部已经建立了大量的研究设施,尽管 NACA 的基础设计原理研究不断取得重要进展,但其基础设施的重要性已有所下降。与20 世纪 40 年代之前相比,军方对民用飞机研发的支持发挥了越来越重要的作用。

尽管 NACA 和 NASA 在二战后对飞机制造业的支持作用下降,但其研究成果依然发挥了重要的战略作用。由 NASA 资助的研究所得出的数据和成果在业内得到了广泛使用。此外,NASA的项目往往由两家或更多相互竞争的企业参与,这在一定程度上促进了研究工作和成果的集中③。NACA 还出资开发了一个专利交叉许可的自由化系统,尽管由于司法部反垄断部门的反对,该系统于 1975 年关闭,但它奠定了美国商用飞机产业内部技术共享的

① 1980 年的《史蒂文森-怀特勒法》(*Stevenson-Wydler Act*)要求联邦政府为此类通用技术研发提供财政支持,并且授权成立了多家"通用技术中心"(COGENT)。在万尼瓦尔·布什(Vannevar Bush)撰写的关于二战后科学政策的重要文件中,将美国国家航空咨询委员会视为联邦政府支持基础研究的成功范例。Nelson(1982)将美国国家航空咨询委员会和美国国家航空航天局作为公共资金支持通用研究项目的范例。参见 V. Bush, *Science—The Endless Frontier* (Washington, D. C.: U. S. Government Printing Office, 1945);Nelson(1982)。

② 事实上,最近一份有关喷气发动机发展史的报告将 1940 年之前的美国描述为空气动力学理论研究的荒漠,还将美国工程师未能提出喷气式飞机概念的原因归咎于其对航空设计理论的无知。E. W. Constant, *The Origins of the Turbojet Revolution* (Baltimore, Md.: Johns Hopkins University Press, 1980)。

③ 在运营理念和对飞机制造业的影响方面,NACA 和 NASA 支持的航空研究项目类似于现代日本计算机和电子企业组建的国内研发合资企业。参见 David C. Mowery and Nathan Rosenberg, "Competition and Cooperation: The U. S. and Japanese Commercial Aircraft Industries," *California Management Review 27*, no. 4, 1985。

基础①。

2.5　军方资助的研究

军方资助的研究和军方采购也对商用飞机创新提供了重要支持。由军方资助的研究为商用飞机产业带来了间接但重要的技术溢出效应，在飞机发动机领域尤为明显。从 1925 年的普惠"黄蜂"（Wasp）发动机到 20 世纪 70 年代的高涵道比发动机，商用飞机发动机的研发一直紧随并受益于军方采购和军方研究支持的需求。军方近期资助的C-5A 军用运输机推进系统研究，就推动了高涵道比发动机的研发，为新一代商用飞机提供了新动力（发动机）。

"军转民"技术溢出效应对发动机技术的推动作用最为明显，而商用飞机本身也受益于军方对机体研究和采购的投资。在飞机设计和研发方面，"军转民"技术溢出效应时有波动，因为不同的军用机型会衍生出不同数量的商用技术。不过，军方采购或研发军用运输机或战略轰炸机，通常会产生一些重大的"军转民"技术溢出效应。二战结束后，机体制造商通过参与研发喷气式战略轰炸机和空中加油机，将在军方项目中获得的知识应用于商用飞机的设计、工装和生产上。例如，波音

---

①　米勒（Miller）和索沃斯（Sawers）在 *Technical Development* 中将飞机制造商协会（Manufacturers' Aircraft Association）的这种许可制度描述为"所有飞机制造商都同意让所有竞争对手使用其专利的制度。任何成员不享有其员工创造的任何发明的专利垄断权，也不享有其可能从外部源头获得许可的任何发明的专利垄断权。若该成员获得了独家许可，则必须将该专利提供给飞机制造商协会的其他成员使用，但原被许可人可以要求其他被许可人给予补偿。制造商显然认为这是一笔划算的交易，他们放弃专利垄断权后，能够免于因专利使用权而遭受业内其他公司的起诉。"（第 255—256 页）。更多关于交叉许可协议起源的讨论，参见 Alex Roland, *Model Research: The National Advisory Committee for Aeronautics*, 1915-58（Washington, D. C.: U. S. Government Printing Office, 1985）, pp. 37-43。

707 和军用加油机(KC-135)采用了同一个原型设计。尽管该原型机的军用和商用改型之间存在显著差异,但将波音707与DC-8的研发成本进行对比后发现,波音公司的两款飞机共摊了部分工装和研发成本:

> 道格拉斯公司在1959年和1960年亏损1.09亿美元,到1960年底摊销2.98亿美元的研发成本和生产损失。波音公司并未遭受如此严重的损失。当时,波音公司在波音707上摊销了1.65亿美元;部分研发成本可能已被计入空中加油机项目,加油机项目还提供了一些工装用于制造波音707[①]。

军方采购和研发合同带来的收入还支撑着几大商用飞机和发动机制造商度过了市场低谷期。在二战后时期,军方采购对多家商用飞机制造商来说仍然很重要,其利润可支撑高风险的商业活动。此外,主要的飞机和发动机制造商对美国国防工业基础颇为重要,联邦政府偶尔会进行干预,避免这些企业出现财务危机[②]。

2.6 对创新的需求:政府的影响

在整个20世纪60年代,民用飞机的大部分技术研发是基于既有技术知识的商业化应用,这些技术知识来自NACA/NASA或军方研

---

① Miller and Sawers,"Technical Development,"pp. 193-194。

② "……政府和航天机构的积极参与为财政状况直线下滑的飞机制造商编织了一张安全网。由于开展商业活动,销售额和利润额并不稳定,在这段时期,大量未完成的政府合同提供了相当稳定的收入。大多数机体技术都来自政府资助的研究。最后,无论主要国防承包商存在何种商业过失,政府都不会允许这些企业失败。"Sidney L. Carroll,"The Market for Commercial Airliners," in Richard E. Caves and M. J. Roberts, eds. *Regulating the Product* (Cambridge, Mass.:Ballinger Publishing Co., 1975), p. 162。

究项目，相关费用由政府承担。政府资助研究经费增加了潜在的创新成果，同时，政府通过政策也影响了产业对创新的需求。1938 年至1978 年，美国民用航空委员会（Civil Aeronautics Board，CAB）制定了法规，支持创新技术在商用飞机领域的快速应用。在二战后时期，美国政府针对商用飞机产业制定的政策，对民用飞机领域技术知识的供给及技术知识创新应用需求都产生了独特的影响。

因国会对乘客安全保障和监管政策不满，1938 年，CAB 成立[1]。从1938 年到 1978 年，CAB 对航空公司的定价政策及美国国内航空运输业的准入准出标准实施管制，以限制新企业进入干线航空运输领域，同时也限制价格竞争。在 CAB 的监管下，航空公司之间围绕服务质量展开激烈竞争，刺激了航空公司对飞机创新设计的需求，推动航空公司快速引进新机型，因为在没有价格竞争的情况下，航空公司认为迅速引进最先进的飞机是一种有效的营销策略。威廉・A. 乔丹（William A. Jordan）从座舱增压技术和喷气式飞机的采用率两个方面，对加利福尼亚州的州内运营商（不受CAB 监管，存在价格竞争，市场准入壁垒低）和州际运营商进行了比较：

干线航空公司（相当于州际运营商）始终率先引入每项创新技术，他们几乎引进了三大航空公司集团在 1946—1965 年运营的全部 40 多款机型，仅 2 款机型除外。此外，干线航空公司迅速而广泛地采用了创新技术。而地方航空公司（相当于州内运营商）在引入这两项创新技术方面进展缓慢，采用率也很低[2]。

---

① 自航空运输业出现以来，联邦政府在该行业结构的演变中发挥着至关重要的作用。在国会对邮政运输合同授予过程中存在的政治影响进行一系列调查之后，1934 年法律规定，飞机和发动机制造商必须剥离航空公司业务。20 世纪 20 年代时任邮政总局局长的 Brown 通过授予邮政运输合同助力了大型跨大陆航空公司的诞生，从而为先进飞机提供了市场。有关更多详细信息，参见 Mowery 和 Rosenberg，"The Commercial Aircraft Industry"。

② William A. Jordan，*Airline Regulation in America*（Baltimore，Md．：Johns Hopkins University Press，1970），p. 53.

航空公司均想率先采用新机型,为了保证交付,他们愿意向飞机制造商提前下订单。一家制造商生产的新机型如果能比其他新机型更快交付,就能在获得航空公司预购订单方面具备相当大的优势,可以有效地利用客户的预付款支付新机型的部分研发成本。通过鼓励商用飞机产业和航空运输业加快创新应用的步伐,CAB 的监管在一定程度上降低了飞机制造商面临的财务风险。

　　然而,无论是这种快速创新,还是美国国内航空运输生产率的骄人增长,代价都颇为巨大。由于政府规定限制了消费者在价格与质量之间进行自由权衡的尺度,消费者福利因服务质量和价格缺乏多样性而受到损害。1977 年,美国审计署根据西奥多·E. 基勒(Theodore E. Keeler)(1972)提出的模型得出以下结论:1969 年至 1974 年,一个放松管制的高效航空运输系统可以让消费者每年节约 14 亿～18 亿美元(以名义美元计算)①。此外,如果考虑到票价更低,客运量应该会更高,美国审计署的计算结果很可能低估了年度总成本。换言之,作为商用飞机创新快速应用的代价,旅客承担了相当于商用和军用飞机产业年度研发投资总额(1970 年的年度研发投资总额略高于 30 亿美元,以名义美元计算)近 2/3 的费用②。

　　尽管这一系列政策并非有意为支持创新而设计,但公共财政支持

---

　　①　尽管在监管时代的消费者承担了高昂的成本,但航空公司的平均资本回报率仅处于正常水平。Keeler 认为:"由于票价设定较高,形成价格卡特尔,航空公司通过维持过剩的运力进行竞争,导致利润降低。"参见 Theodore E. Keeler, "Airline Regulation and Market Performance," *Bell Journal of Economics* 3 (1972), p. 421. 正如 G. W. Douglas 和 J. C. Miller 在 *Economic Regulation of Domestic Air Transport* (Washington, D. C. : Brookings Institution, 1974)中所指出,服务质量竞争导致成本上升至接近票价的水平,很大程度上阻碍了航空公司获得超额利润。

　　②　在"*Federal Funding of R&D*"中,作者使用了从 1966 年至 1984 年 CAB 监管成本估值和航空公司运营成本改善估值,发现如果将 CAB 监管为消费者带来的成本纳入支持创新、推广和降低美国国内机队运营成本政策框架的成本中,那么总研发投资的回报率会变成负数。

创新，监管方支持在新飞机设计中应用创新技术，两者相结合，对二战后美国飞机制造业产生了巨大影响。通过支持美国国内市场对远程商用飞机的需求，CAB 的相关规定让美国制造商能够从国内外市场获取飞机生产和设计的经验。鉴于学习效应对商用飞机的设计和生产的影响很大，CAB 对国内市场需求的支持促进了美国飞机出口，使美国企业能够获得生产经验并以克鲁格曼所述的方式降低成本①。因此，联邦政府支持各方开展研究，并支持在国内商用飞机市场内推广和采用创新技术的做法，提高了该行业的国际竞争力，拓宽了美国出口市场②。商用飞机和发动机成为美国制造业出口中最大的单一类别产品，由此可以推断出这一政策结构对提升飞机制造业的国际竞争力举足轻重。尽管提高了纳税人和航空旅客的支出，并且这些政策应该并非有意设计，但联邦政府二战后大多数的商用飞机产业政策，与日本为电子等出口行业制定的产业政策高度相似。

2.7　20 世纪 70 年代至 80 年代美国国内政策和技术环境的变化

作为联邦政府特定政策结构的受益方，飞机制造业在 20 世纪 60 年代后遭受了三次美国国内环境变化的严重影响，分别为：1978 年美国国内航空运输放松管制；军用和民用飞机技术之间的通用性下降；NASA 航空研究和技术预算缩水。再加上研发成本持续增长导致市场

---

① Krugman, "Import Protection".
② 与日本产业政策的相似之处十分惊人。日本的产业政策在许多行业中成功培养了一批服务国内市场的有竞争力的企业，这些企业受到了正式或非正式保护，并能进入国际市场。有关这一论点的进一步阐述，参见 Mowery and Rosenberg, "Competition and Cooperation"。

需求的不确定性增加,飞机和发动机制造商承担的财务风险变高。

放松对国内航空运输管制,降低了服务质量在美国航空运输业竞争中的重要性。因此,美国航空公司目前不太愿意在客英里成本未明显改善的情况下更换新机型。此外,由于燃料价格日趋稳定或下降,新机型和新款发动机很难显著降低运营成本。

放松管制对航空运输业的结构也产生了颠覆性影响。随着业内价格竞争的加剧和行业准入限制的放开,老牌航空公司要与运营成本低得多的新航空公司进行激烈竞争。"洗牌"期似乎已经结束,大多数美国航空公司目前都在盈利。尽管如此,飞机制造商面对的是一个不再受监管方支持,被众多航空公司瓜分的市场。有时这些航空公司的资金实力并不雄厚,更不愿意为产品研发项目提供资金支持。大型商用飞机市场的不确定性更大,而且制造商与主要客户分担风险的能力有所降低。

20 世纪 60 年代末以来,民用和军用飞机之间的技术差异越来越大,大型运输机领域也缺乏重大国防项目,导致"军转民"技术溢出效应的程度和重要性都有所降低。这两个因素显然存在相关性。例如,军用和民用飞机对材料和发动机的要求存在差异,主要原因是,战斗机对耐用性或运行效率的要求没有民用飞机和军用运输机高。军用和民用飞机技术发展关系发生了惊人转变。目前,在许多领域,技术溢出效应已经是从民用向军用溢出(民转军)。波音 707 和 KC-135 军用加油机的研发都基于同一款原型机,当前的军用加油机(KC-10)设计是DC-10 的衍生机型,而 DC-10 最初是设计用于商业客运。同样,美国国家工程院对美国飞机制造业的研究指出:"商用发动机累积运行经验的速度比军用发动机,甚至军用运输机的发动机快 10～15 倍……CF6 涡轮风扇发动机(美国国防部 C-5A 大型运输机 TF39 发动机的衍生型)在商业运营期间进行的一些改进被应用到了 TF39 发动机的后续型号上①。"

在推进系统、航电系统和飞行控制系统领域，"军转民"技术溢出效应仍然十分显著，但重要性在降低。此外，美国国家工程院专家组认为："……在过去15年，国防部缩小其兴趣范围，减少了对基础研究项目的资助，并且坚持要求国防部资助的所有研发项目都要明确表明与现有或拟定武器系统的相关性。除了先进超声速飞机和高度专业化作战任务外，国防部都准备购买现成的发动机技术②。"如今，飞机和发动机制造商都只能更加依赖自费研发来实现技术进步。鉴于飞机市场存在创新风险，如果制造商增加研发成本的比例，会大幅增加运营风险。

近年来，军方研发和采购对民用飞机技术发展的间接贡献有所减少，有限的证据也表明，在20世纪70年代至80年代，NASA对航空研究的支持也可能有所下降。与其前身NACA相比，NASA对航空研究工作的重视程度要低得多。如图2-2所示，1958年，NACA改组为NASA，随后大幅削减在航空研发工程和科学人才上的投入。1966年，参议院的一项研究指出，"太空研究的预算需求可能阻碍了该机构在航空研发方面投入水平的正常增长③……"在阿波罗计划之后，NASA的运营预算越来越多地被航天项目占用，航空研究项目的预算压力越来越大。20世纪70年代，虽然用于航空研究的拨款持续增长，但增速低于60年代。此外，20世纪70年代至80年代，NASA航空项目整体的实际支出略有增长，掩盖了项目中研发费用比例明显的下降趋势④。因

---

① National Academy of Engineering, *The Competitive Status of the U. S. Civil Aircraft Manufacturing Industry* (Washington, D. C.: National Academy Press, 1985), p. 101.

② 同上，第102页。

③ U. S. Senate Committee on Aeronautical and Space Sciences, *Policy Planning for Aeronautical Research and Development: A Staff Report* (Washington, D. C.: U. S. Government Printing Office, 1966), p. 20。

④ 美国国家研究委员会的一项研究认为，NASA航空研究和技术项目的预算在过去十年中实际上有所下降。NASA航空预算还包括设施建设及研究与项目管理费用。

此,图2-1中所示的NASA航空研发投资总额增长,实际包含了人员、管理和建设成本的增长,其代价是研究项目投资减少。NASA削减研究经费和人员导致的必然结果是企业必须承担更大比例的研发成本。

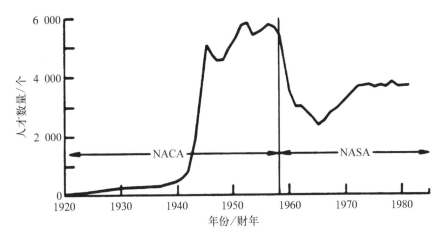

图2-2　1920财年至1980财年NACA/NASA航空人才历史数据

［资料来源：*NASA's Role in Aeronautics: A Workshop*，Volume Ⅰ Summary（Washington，D. C.：National Academy Press，1981），p. 41。转载自 *National Academy of Engineering*，"Competitive Status，"figure 5-13，p. 135］

2.8　全球市场的崛起

20世纪70年代至80年代,全球市场的发展也影响了美国商用飞机产业。最显著的影响在于,相对于全球其他地区,特别是工业化进程中的东亚国家,美国境内商业航空出行需求的增长率有所下降。20世纪50年代至70年代,美国航空公司购买了美国制造的67%的飞机。1971年,美国市场占全球总收入客英里的57%。而到20世纪70年代,受人口因素及美国经济增长放缓的影响,美国航空出行年增长速率为5%,远低于其他地区9%的平均水平。1977年至1982年,美国航空公司的新机订单仅占（美国制造飞机）总量的 40%。

美国商用飞机市场仍是全球最大的单一市场，但却不再占据全球市场需求的绝大多数份额。此外，目前的下降趋势预计将持续下去，到 1990 年，美国占全球航空客运量的份额将下降到约 36%[①]。由于研发成本持续增加，如果在国外市场没有可观的销售量，新机型或新发动机就无法实现商业成功。对美国企业而言，渗透外国市场一直十分重要，如今更是必不可少。但是，美国市场的规模也很巨大，这意味着对于他国企业来说，在美国市场的销售额对其实现商业成功来说也极为重要。国外市场对于美国飞机制造业的"二级"企业而言，也变得重要起来。1977 年至 1982 年，美国飞机部件和其他零部件的出口额以年均 36% 的速度增长，从大约 20 亿美元增至 40 亿美元以上。飞机发动机的同期出口额从略高于 2 亿美元增至 8 亿美元以上[②]。外国企业生产的多款机型使用了大量美国零部件，反映出了零部件贸易的快速扩张。例如，美国生产的零部件占空客 A300 单机价值的约 30%[③]，而在巴西航空工业公司"先驱者号"（Bandeirante）飞机（该公司推出的第一款产品，15～20 座级的双发涡轮螺旋桨通用飞机）中，这一比例超过 40%。零

---

① 有关全球和美国市场需求的数据来自美国国家工程院的一项名为"Competitive Status"的研究。

② 参见 U. S. Commerce Department，International Trade Administration，*A Competitive Assessment of the U. S. Civil Aircraft Industry*（Washington，D. C.：U. S. Government Printing Office，1984），p. 31.

③ 空中客车工业公司目前正在努力减少其新飞机设计中美国零部件的比例："为了确保欧洲合作伙伴在空客 A320 项目上获得更大的合作份额，空中客车工业公司将减少过去对美国制造商的依赖。造成这一趋势的另外两个原因包括：首先，凭借空客 A300 和 A310 获取的经验，空客如今认为在技术上更有能力生产自己的飞机；其次，欧洲各国认为，由于飞机上装有大量美国设备，飞机销售量受到了影响。他们提到，由于利比亚在美国的禁运名单上，因此向利比亚出售 10 架空客 A300 飞机的购机协议未能达成。"参见 Arthur Reed，"Airbus Talks about A320；Future Projects，" *Air Transport World*，May 1984，p. 33. 例如，目前估计空客 A320 中美国零部件占比低至 20%。参见 *Aviation Week & Space Technology*，"U. S.-European Trade Talks Focus on Subsidy Issues，" March 31，1986，p. 36.

部件生产商和其他"二级"企业在全球飞机和零部件公开市场中占有的份额不亚于美国主要航空制造企业。

随着飞机、发动机和零部件在国外市场的销量不断增加,飞机制造业违反《关税与贸易总协定》的行为明显增多,加之外国制造商希望美国取消对进口飞机、发动机和零部件征收关税,共同促成了《民用航空器贸易协议》的订立。该协议在《关税与贸易总协定》的框架下完成谈判,并于 1980 年 1 月 1 日生效。协议取消了对飞机和零部件征收的所有关税,并引入了管控定向采购行为、限制政府补贴飞机研发与销售的相关条款[①]。协议签署后,美国飞机零部件出口迅速增长,这毫无疑问是受取消关税的影响。由于许多合资企业依赖零部件的国际流动,该协议也推动了企业间合作的兴起。美国支持该协议的一个主要原因是其国内主要制造商希望扩大离岸零部件采购。协议还为商用飞机研发补贴提供了监督机制,并且可能影响了西德与英国近期为其飞机和发动机研发项目提供财政支持所制定的政策条款[②]。

2.9　美外合作生产军用飞机带来的技术转移和其他影响

美国企业与外国企业在商用飞机领域合资是过去 10～15 年才出现的一种常态,而美外企业在合作生产军用飞机方面却有着久远的历

---

① 有关该协议的详细讨论,参见 W. Stephen Piper, "The Agreement on Trade in Civil Aircraft," written statement printed in *Subcommittee on International Trade*, U. S. Senate Committee on Finance, *Hearings on S. 1376*, 96th Congress, 1st session, 1979; 以及 Piper, "Unique Sectoral Agreement Establishes Free Trade Framework," *Journal of World Trade Law* 12 (1980), pp. 221 - 253。

② 参见 the National Academy of Engineering, "Competitive Status," p. 78。尽管美国和经济合作与发展组织成员国签订了"暂停偿债协议"和"公用路线协议",努力控制政府对商用飞机和发动机销售的出口补贴,但这仍然是一个非常棘手的问题。

史。1947年至1980年，20多个国家的企业在美国制造商的许可下生产了至少44种不同的武器系统，其中有28种是飞机、导弹或旋翼机[1]。联合生产军用飞机最初起源于美国政府的一项政策，其目的是允许其他国家通过购买美国武器系统，以提高就业和工业发展的形式获得经济利益。鉴于军用飞机联合生产项目协议数量多、时间久，在分析对外国商用飞机制造商竞争力的影响方面积累了有价值的信息，可以借以说明民用飞机和发动机领域合资企业对技术转移和产业竞争力的影响。

军用飞机联合生产协议与商用飞机合资企业在许多重要方面存在差异。在1978年之前，联合生产协议主要由政府之间通过谈判签署，既要考虑商业利益，也要考虑安全利益。直到20世纪70年代后期，外国企业才开始参与武器系统的设计或研发，技术转移数量和类型也发生了变化。在联合生产的初期，多数情况下外国制造商仅负责组装来自美国的可拆卸套件，后来逐步扩大到在飞机上组装由外国制造商在本国生产的零部件。但对于特定敏感部件，例如，战斗机的电子对抗设备，仍然在美国生产，再以"黑箱"形式密封运输到被许可国，装配到飞机上。现有证据表明，美国企业很乐意将生产所需的设计和技术数据转移给被许可方[2]。

在多数情况下，经许可的外国军用飞机制造商同时也是民用飞机

---

[1]　Michael Rich，William Stanley，"John Birkler and Michael Hess，" *Multinational Coproduction of Military Aerospace Systems* (Santa Monica, Calif.：Rand Corporation，1981)。在该文献中，作者对美欧在武器联合生产方面的合作进行了精彩的分析。

[2]　霍尔(Hall)和约翰逊(Johnson)在对日本参与F-104的描述中表示："获取技术信息不成问题。在讨论数据传输时，美国航空航天官员强调，美国的联合生产伙伴可以查阅任何文件。一位美国高管直截了当地表示：'我们收钱让他们加入进来，我们拥有的一切资料都可以提供给他们。'在与日本高管交谈时，了解到的情况也是这样。"G. R. Hall and R. E. Johnson，"Transfers of United States Aerospace Technology to Japan，" in R. Vernon，ed. *The Technology Factor in International Trade* (New York，Columbia University Press for the National Bureau of Economic Research，1970)。

制造商，这与美国国内的情况类似。因此，军事联合生产项目对外国制造商进入商用飞机和发动机产业的能力有何影响，成了美国政府最近多次关注的一个问题①。但迄今为止，军事联合生产项目似乎对外国制造商进入商用飞机领域，进而成为主制造商的帮助不大。

军事联合生产协议对提高外国企业在商用飞机产业的竞争力没多大帮助，原因有几方面。大多数参与联合生产协议的外国制造商仅负责生产战斗机或旋翼机，而非大型军用运输机。因此，多数项目的技术溢出效应都不明显，并且在过去 30 年中有所减少，这反映了民用和军用飞机技术发展的总体趋势。更重要的是，许可协议并不会转移关键的设计、研发和营销能力，因此在军事联合生产项目中，从许可方获得的生产技术知识不足以支持被许可方自主进入民用飞机市场②。由于多数联合生产协议并不包括联合研发或联合设计，关键的设计和系统集成技术通常不会转移给外国参与方③。

尽管 20 世纪五六十年代的联合生产项目并未显著提高外国商用飞机制造商的设计和工程能力，但确实有助于许多欧洲国家扩大飞机和零部件行业的产能和就业。产能的扩大及欧洲对联合生产许可的投

---

① 一项针对日本 F-15 联合生产项目的研究得出了以下结论："得益于其近 30 年的美国军用飞机联合生产经验，技术转移和建立飞机生产基地推动了日本飞机制造业的发展。"U. S. General Accounting Office, *U. S. Military Co-production Agreements Assist Japan in Developing Its Civil Aircraft Industry* (Washington, D. C. : U. S. Government Printing Office, 1982), p. 18.

② 赖克(Reich)和曼金(Mankin)在 *Joint Ventures with Japan* 第 80 页中忽视了这些日本联合生产项目经历，并认为通过合资企业，"日本人正在逐步接手复杂的生产，这是增值链的一部分，将在未来继续生产可交易的商品，同时提高整体人口的技能水平"。

③ 联合生产项目除了转移极少部分进入飞机制造业所需的管理和技术知识之外，还导致军方的外国采购项目成本高昂。大多数联合生产项目中的小规模生产意味着单机成本极高。美国会计总署针对日本生产的 F-15J 进行了一项名为"U. S. Military Co-production Agreements"的研究，该研究估计 F-15J 的成本约为从麦道公司直接采购 F-15J 的两倍。

资收益率的不满①，导致美欧在武器系统生产和采购方面的合作发生了重大变化②。欧洲企业更期望研发和生产可在更广泛的市场上销售的部件，而不是只专注于通过许可的方式生产仅供本土使用的部件。

零部件的专业化生产，为欧洲占据设计和研发活动的一席之地提供了支持，同时也产生了最大化的附带效应（spin-off effects），使欧洲企业在生产过程中发挥了规模经济和学习经济优势。这一新战略有两种形式。一种是欧洲各国政府越来越多地要求航空航天及相关企业能够在大部分飞机部件的研发或生产过程中发挥作用，以此作为购买美国 F-16 等武器系统的交换条件（称为抵销贸易）③。另一种是成立跨欧洲企业联盟，开展武器系统的设计和生产，例如"龙卷风"（Tornado）战斗机或"美洲虎"（Jaguar）项目。虽然后一种战略带来了可观的学习效益，但迄今为止通过这一战略研制的军用飞机都极其昂贵④。

---

① 根据最近一项调查，一位美国官员表示"我们已经目睹了单边销售交易的终结，如果还能开展任何合作，现在会有更多的共同研发项目。"他还表示："现在联合生产在欧洲已经不是什么好话了。"*Aviation Week and Space Technology*，June 3，1985，p. 243。日本业界和政府官员也表达了类似的担忧：日本政府以及日本航空航天业明显不愿继续参与各种许可项目，这主要是由于进口零部件成本高昂，以及美国国防部不愿意为提高日本的参与率公布高科技数据。值得注意的是，在石川岛播磨重工业株式会社根据许可生产为麦道公司/三菱 F-15J 战斗机提供动力的普惠 F-100-IHI-100 发动机时，40％以上的零部件是由美国提供的成品。参见 *Aviation Week and Space Technology*，"Japan Pushing Industry to Design New Engines," June 28，1982，p. 208。

② 在里根政府时期，美国和北约的企业与政府之间此类协议的谈判也已脱离国防部的控制，该协议提出："……依靠行业为每笔销售安排有效的军售合作方式。如果行业无法满足任何政府具体要求，则可以考虑签署政府间协议（可能包括抵消贸易）。"U. S. General Accounting Office，*Trade Offsets in Foreign Military Sales*（Washington，D. C.：U. S. Government Printing Office，1984），p. 1。

③ 1976 年，挪威、丹麦、荷兰和比利时与通用动力公司签署 F-16 战斗机购机协议，其中就包含了最复杂的抵销协议。欧洲企业负责生产的零部件占向美国空军出售的机型价值的 10％，占向这四个国家出售的飞机价值的 40％，占向第三方国家出售的飞机价值的 15％。然而，这款飞机的所有部件都不是仅在欧洲生产。

④ 参见 Mark A. Lorell，*Multinational Development of Large Aircraft: The European Experience*（Santa Monica，Calif.：The Rand Corporation，1980）；Rich，et al.，*Multinational Coproduction*。

这些跨大西洋和跨欧洲的军用飞机联合生产形式产生了若干与商用飞机合资企业直接相关的管理问题。由于调整劳动力规模的能力有限,因此欧洲企业在适应生产波动和迅速实现高生产率方面遇到了相当大的困难①。业内人士认为,对劳动力稳定性的要求也导致欧美飞机制造商在生产技术方面存在显著差异,欧洲的生产技术需要更高技能水平的劳动力②。零部件设计要适应不同的生产环境,这为美欧武器合作项目带来了重重困难,美国制造商有时需要承受欧洲产量波动所带来的冲击,还要弥补欧洲因工装和生产水平不足而导致的交货延迟。欧洲零部件生产商以专业化生产的方式参与 F - 16 等跨国生产项目,这提高了欧洲在航空领域的产能,同时也对美国零部件和组件生产商造成了竞争压力③。

美外企业在军事联合生产和抵销贸易方面的经历,解释了飞机制造业合资企业在技术转移和管理方面的某些重要特征。早期的联合生产协议对欧洲和日本企业的设计和管理能力未产生显著影响,说明零部件制造和装配无法转移飞机设计和生产相关的关键技术与专业知识。因此,联合生产项目不能帮助欧洲或日本企业成为商用飞机产业的主制造商或称系统集成商。虽然跨大西洋和跨欧洲武器设计与生产合作形式出现时间不长,但现有证据表明,欧洲企业参与这些专业化生

---

① "欧洲渴望长期稳定的劳动力,但缺乏较强的灵活性和扩张能力,这对涉及美国和欧洲产业的项目产生了重要影响。应对这些领域的差异是项目规划和执行中最困难的挑战之一。"Rich, et al., *Multinational Coproduction*, pp. 20 - 22。

② 由于更高的工装要求,欧洲对单班制生产的依赖也导致了更高的资本产出比:"……大多数企业每天只有一个工作班次。因此,与美国的同等产量相比,欧洲的工装要求更高,因为欧洲的每日工装时间更短。"*Aviation Week and Space Technology*, "Europeans Ready Production Tooling," May 2, 1977, p. 99。

③ 据 *Aviation Week and Space Technology* 报道,"F - 16 抵销协议很大程度上在比利时和荷兰的航空航天领域催生了许多零部件制造商……由于当时两国的航空航天业规模小,通用动力公司往往不得不帮助非航空航天企业开始生产航空航天产品。"参见 *Aviation Week and Space Technology*, "Small Firms Cooperate for U. S. Market," September 3, 1984, p. 87。

产和设计活动可能增强了其作为零部件或子组件生产商的竞争力，对美国供应商企业造成了更大的潜在威胁。不过，最近这些合作生产和技术转移活动不太可能威胁到美国主要的军用或商用飞机主制造商①。最后，在联合军用飞机项目中，美国和欧洲的参与方在劳动力和生产管理实践方面也存在矛盾。

美国政府在联合生产和抵销贸易方面一直发挥重要作用。部分联合生产和抵销贸易至少帮助美国建立起了零部件和组件的离岸供应渠道。在支持这些项目的过程中，联邦政策对美国飞机和发动机产业的竞争力产生了重大影响。联合生产和抵销贸易不仅提升了欧洲军用飞机零部件的产能，还帮助培养了潜在的民用飞机零部件供应商。美国的联合生产项目还增强了外国生产商参与商用飞机研发和生产联营企业的能力，包括欧洲企业之间及欧美企业之间组建的联营企业。

2.10 结论

本章介绍了飞机和发动机产业在设计、生产和营销方面的部分特点，以及美国飞机和发动机制造商当前所处竞争环境的起源。商用飞机产业通常具有准入壁垒高、规模经济显著和市场竞争激烈的特点。飞机设计的技术要求高，需要大量的基础研究设施。二战后，美国的公共和私有资金为所需的基础研究设施提供了资助。飞机和发动机产业的流程和产品具有研究密集型的特点，这意味着对于研究密集型电子产品和材料的供应商而言，飞机和发动机产业是其重要的市场。

---

① 不符合这一结论的一个例外情况可能是发动机制造商。对于发动机制造商而言，备件销售对发动机销售的盈利能力至关重要。在国外生产此类备件甚至可能会拉低主制造商对这些产品的销售额。

影响一家企业竞争力的最重要因素并不能轻易地被嵌入产品或许可中。从纸面设计开始,经历复杂的研发流程,再到按计划推出新型飞机,这些都是至关重要的竞争力资产,需要丰富的管理经验和技术经验。考虑到该产业的典型特征是需求的大幅波动,如何在不产生大量惩罚成本的情况下管理好产量的大幅波动也十分重要。该产业的其他竞争力资产还包括售后服务和绩效评估,以及在后续设计更改中吸收从产品支持活动中得到的反馈信息的能力。这些对于想要进入商用飞机市场、独立生产商用飞机或发动机的企业而言,都是必不可少的,却无法在公平交易或许可协议中被轻易转移。从日本企业和欧洲企业经许可生产美国军用飞机的经验可以推断出,通过许可协议转移无形资产并非易事,而无形资产对于增强竞争力必不可少。进入商用飞机产业必须具备生产方面的专业知识,但只有这些专业知识还远远不够。若想以主制造商的身份进入飞机制造业,需要具备上述所有的无形资产,但是作为跨国联合体的合作伙伴,或者作为部分出口零部件的生产商进入该产业,则无须满足所有条件。

在二战后的大部分时间里,美国飞机制造业都受益于这一独特的政策框架。该政策框架并非有意设计,也不属于针对性战略措施,在某些方面却与日本通商产业省(以下简称"通产省")的产业政策相似,为研究和创新技术应用提供了直接和间接的支持。20世纪70年代后,这些政策中的许多内容都被废除。商用飞机产业仍然是一个备受青睐的产业(钢铁产业就没有得到类似NASA航空研究项目的支持),但该产业如今面临着更大的市场不确定性和风险。美国飞机市场的重要性不断下降,全球市场及国内环境的变化,都大大激励了美国企业在研发项目中寻求分担风险的外国合作伙伴。

美国商用飞机产业的发展与针对航空运输、军方采购和产业本身不断变化的公共政策密切相关。航空运输业和飞机制造业的垂直非一体化结构、军用和民用飞机技术的研究投资、CAB 监管制度、二战后对洛克希德公司的紧急财政援助和对麦道公司并购交易的财政支持，以及向欧洲和日本制造商转移生产工艺和部分设计技术，都是公共政策决策造成的直接结果。尽管每项公共政策都产生了成本和收益，但在该产业政策结构中，各项政策都是单独实施的。尽管如此，这种政策结构及近期对其关键部分的改动对美国商用飞机产业产生了巨大影响。关注当前产业与外国企业建立合作关系、转移重大技术等管理举措的政策制定方必须认识到，这些举措在一定程度上是对过去 20 年公共政策艰难变革的回应。与此同时，行业内的私有企业管理者必须承认美国政府在过去 50 年为飞机和发动机制造企业提供了大量财政支持、技术支持和外交支持。

第 3 章
案例研究

本章回顾了过去 15 年里，美国飞机和发动机制造商参与的几个合资企业与合资项目的发展史，包括波音公司、意大利飞机制造公司和日本商用飞机公司参与研发的波音 767 项目和 7J7 项目；失败的合资项目，如麦道公司与荷兰福克公司合作研发的 MDF100，以及麦道公司、达索公司和法国宇航公司合作研发的水星 200；萨博公司与费尔柴尔德公司合作研发的 SF340；GE 公司与法国斯奈克玛公司组建的合资企业 CFM 国际；以及普惠公司、罗-罗公司、西德 MTU 公司、意大利菲亚特 (Fiat) 公司与日本航空发动机公司合资成立的国际航空发动机 (International Aero Engines，IAE) 公司。本章从参与者动机、合资企业结构、合资企业内技术转移的性质和影响，以及合作的总体结果等几个方面，对每家合资企业进行分析，并重点关注合资企业中美国参与者的动机和行为。第 4 章在讨论国家产业发展战略时，将会对外国企业和政府的行为与政策进行分析。

3.1　波音公司与日本的合资项目

为应对商用飞机研发成本和风险的不断增加，波音公司在过去 20 年越来越依赖由分包商承担相当一部分的新机研制成本和风险。波音 747 早期约转包了生产价值的 70%，有些分包商还提供资金用作生产前 200 架波音 747 的非经常性成本支出 (nonrecurring costs)①。波音公司、意大利飞机制造公司和日本商用飞机公司合作开展了波音 767 项目。该项目与波音 747 项目的不同之处主要在于,波音 767 项目更加依赖外国分包商,且外国分包商分担了更多风险②。而在波音 7J7 项目上,日本合作伙伴的参与程度更高,除了制造之外,还在产品设计和研发、营销和产品支持方面发挥重要作用。

近年来,日本通产省(MITI)为三菱重工、川崎重工、富士重工和石川岛播磨重工等多家日本主要工业企业进军大型商用飞机产业提供了支持③。三菱重工、川崎重工和富士重工都曾与美国签订军事联合生产协议,有生产飞机机体的经验,石川岛播磨重工也参与过军用发动机生产项目。20 世纪 70 年代,其中几家企业成为波音 737 和波音 747 的零部件供应商。在这种分包关系中,日本企业通常根据波音公司的设计和规格要求生产部件,而非独立设计或研发。

20 世纪 70 年代,波音公司开启了漫长的设计和评估历程,尝试研制波音 727 和波音 707 的后续机型。波音 727 和波音 707 即将退役,

---

① "分包服务和租赁或借用人才的这种发展趋势的出现也是(波音公司)希望看到的,波音公司希望避免出现 20 世纪 60 年代后期大规模人力储备,以及随后震惊整个华盛顿州的大规模裁员的情况。……波音公司销售额(以不变美元计)与总人数的对比图表揭示了一个有趣的趋势。波音从 1957 年到 20 世纪 60 年代后期,这些曲线紧密相连。之后,曲线之间出现了巨大的差距,这表明波音公司在大幅削减员工数量的同时,实现了更高的销售总额。"Richard G. O'Lone, "Boeing Cools on Cooperative Programs," *Aviation Week and Space Technology*, June 6, 1977, pp. 48 - 49。

② 波音 767 项目的风险分担分包商(包括日本商用飞机公司和意大利飞机制造公司)需要摊销前 500 架飞机的非经常性成本。与波音 747 项目(该项目要求摊销前 200 架飞机的非经常性成本)中对风险分担分包商的要求相比,出现了大幅提高。波音民机集团总裁 E. H. 波良(E. H. Boullioun)在 1978 年指出:"我们在 747 项目中了解到……大家都在抱怨风险,但是我们在合同签署前就已经卖出了 200 架飞机。根本就没有风险。"引自 O'Lone, "United's Purchase Launches 767," *Aviation Week and Space Technology*, July 24, 1978, p. 14。

③ 日本通产省对飞机制造业感兴趣的根本原因在于:该产业能够利用高技术,与其他研发密集型产业之间具有联系,商用飞机生产的高附加值特征能够提供利用通过联合生产项目所建立的产能的机会,以及可为三菱重工和川崎重工集团内造船等衰落业务部门的员工提供就业机会。

分别为一款洲际客机和一款短程客机留出了市场空缺。弥补空缺的两款机型在当时分别被称为波音 7X7 和波音 7N7，也就是后来的波音767 和波音 757。波音公司如果想保住全系列产品制造商的地位，就必须同时研制这两款针对不同细分市场的机型。可是，这一雄心勃勃的研发计划预计需要 15 亿～25 亿美元，超出了波音公司自身的能力。如果有风险分担合作伙伴参与项目，那么就能提供资金，降低波音公司的财务风险①。

波音公司如果想与其他企业合作，外国飞机制造企业是最具吸引力的对象，因为这些企业所在国的政府能够提供研发和生产启动资金。国外市场对波音 757 和波音 767 也很重要，这进一步增强了外国企业作为合作伙伴的吸引力。尽管如此，波音公司还是曾与多家美国企业接洽，希望这些企业作为分包商参与波音 757 和波音 767 项目并分担风险，但都无功而返②。

波音公司与美国国内外航空公司、各潜在合作企业及政府之间错综复杂的谈判持续了 6 年多，最终敲定了波音 757 和波音 767 的设计和分工安排。在此期间，波音公司与美国、英国、法国、意大利和日本的企业都进行了谈判。尽管波音公司在选择潜在合作伙伴时，很大程度上会考虑外国企业承担风险的意愿及其技术和管理水平，但市场导入也是很重要的考虑因素。波音 7N7 是一款可能会在欧洲占据很大市场份额的机型，因此，英国和法国企业就参与了大部分有关波音 7N7 合作关系安排的磋商。1976 年和 1978 年，波音公司高管与英国宇航公司就

---

① 在此期间，人们还提出了第三种设计，即三发飞机波音 777。该设计方案得到了广泛讨论，但因波音 757 和波音 767 扩大尺寸而被放弃。

② "波音公司称，只有在与美国企业进行接洽并且美国企业表示对该项目不感兴趣之后，波音公司才会将日本企业纳入'风险分担分包合同'的考虑范围。有的美国企业无力承担投资风险，有的美国企业不愿意承担投资风险。" U. S. General Accounting Office, *U. S.-Military Co-production Agreements Assist Japan in Developing Its Civil Aircraft Industry* (Washington, D. C. : U. S. Government Printing Office, 1982), note, p. 16.

其作为风险分担合作伙伴参与项目的事宜进行了漫长的商洽,风险分担合作伙伴承担的责任比风险分担分包商更大。波音公司愿意考虑让英国宇航公司担任重要角色,但坚持保留对该项目在管理和设计方面的总体控制权①。

英国宇航公司的霍克·西德利(Hawker Siddeley)分部曾与空客公司合作研发空客 A300 的机翼。根据波音公司在 1976 年和 1978 年提出的方案,英国宇航公司将指派该分部承担大部分的机翼设计工作。波音公司还提议将波音 7N7 的第二条装配线设在英国,此举会增加生产成本,但显然有利于提高英国宇航公司的薪资水平,改善当地就业。然而,英国宇航公司最终拒绝了波音公司的提议,因为这意味着公司将降级为分包商,被削弱设计、管理和系统集成能力②。

波音公司还与法国宇航公司和空客公司等欧洲企业讨论了研发项目。作为波音 767 的竞争机型,空客 A300 - B10(后来的空客 A310)引起了波音公司的关注,最终波音公司与法国宇航公司于 1976 年签署了一份宽松的谅解备忘录,商定波音公司能参与空客 A300 - B10 项目,法国宇航公司能参与波音 7N7 项目。但该协议最

---

① "在所有波音新飞机项目中,波音公司都将拥有 51％ 的股份,并且拥有项目控制权,这是基本原则。波音公司高管表示:'我们研究了一些持股比例对等的项目,我们认为此类项目效益不佳。做出决策的过程不仅耗费精力,还需要资金支持。'"*Aviation Week and Space Technology*, "Joint U. S. Foreign Efforts Pushed," February 2, 1976, p. 24。

② "英国宇航公司可能会在设计过程中占据重要位置,但波音公司仍然全面负责重要的集成工作。实际上,英国宇航公司将会是一个占据主导地位的分包商,但可能是一个不可靠的合作伙伴,这种情况可能会威胁到英国宇航公司民用飞机制造能力的长期健康发展。英国宇航公司担心其设计、生产和销售民用飞机整机的能力会因与波音公司签订的合同而逐渐受到削弱。"Keith Hayward, *Government and British Civil Aerospace* (Manchester, England: University of Manchester Press, 1983), p. 170。作者在讨论波音公司与各种潜在欧洲参与企业之间的拜占庭式谈判时参考了 Hayward 的精彩描述。

终因波音公司坚持全面控制空客 A300 - B10 的项目研发而告吹①。

波音公司最终在没有国内外风险分担合作伙伴的情况下继续研发波音 757。尽管分包商承担了波音 757 项目 50％以上的生产工作，但他们并未分担风险。波音 757 和波音 767 最终采用了许多相同的部件和组件，正是因为这一点，波音公司才能独自研发波音 757②。

在波音 767 项目上，波音公司主要在意大利和日本寻找其他国家风险分担合作伙伴。波音公司与日本商用运输机研发公司（JCTDC，由三菱重工、川崎重工和富士重工组成的联合体）和意大利飞机制造公司（Aeritalia）于 1978 年签署了谅解备忘录，结束了三方之间的谈判。作为风险分担分包商，JCTDC 和 Aeritalia 各自承担了最初 500 架飞机的研发和生产工装成本，根据该机型当时基本确定的设计方案，大概相当于飞机总价值的 15％③。JCTDC 负责制造机身和机翼的多个部段，以及复合材料方向舵，Aeritalia 负责制造襟翼。参与项目的日本和意大利企业都获得了本国政府资助，数额高达部件研发成本的 50％。日本政府通过贷款资助 JCTDC，贷款总额不少于 7 300 万美元，飞机生产带来的利润用于偿还债务。飞机的总装、营销和产品支持仍然由波音公司负责。由于波音公司仍全面负责设计、生产和营销，波音 767 合资项

---

① "交通部长 Marcel Cavaille 表示，法国政府拒绝了与波音公司的潜在合作，因为其认为根据波音公司的条款法国飞机制造业有可能沦落为分包商。"*Aviation Week and Space Technology*，"French Pick U. S. Firm，" August 16，1976，p. 12。

② 波音 757 和波音 767 的非经常性成本总额超过了 20 亿美元，其中波音 767 占了一半以上。两款飞机液压系统的相似性高达 95％；驾驶舱、机头和电力系统等主要部分的通用性大约为 70％。参见"Commonality Stressed in New Aircraft，" *Aviation Week and Space Technology*，November 12，1979，p. 67。

③ 日本通产省官员和参与企业都认为波音公司与日本商用运输机研发飞机公司签订的合同条款"极为苛刻"，条款中要求日本企业大幅提高效率和生产力。此外，"……一位三菱重工高管在项目初期曾公开表示，波音 767'不是一个有效的项目——因为投资太大，利润太小。'"参见"New Efforts Task Japanese Firms，" *Aviation Week and Space Technology*，October 2，1978，p. 31。

目并未注册独立的实体公司。

1978 年该合作关系建立时,波音公司已完成波音 767 飞机的大部分设计工作。剩余的研发设计工作主要是在部件层面,由日本合作企业负责。为了便于开展工作,日本工程人员被派往波音公司总部,工作了长达一年的时间。尽管波音公司仍掌握大部分的基础设计和研发能力,但日本合作企业的确通过这一渠道获得了部件设计的能力和技术。驾驶舱、航空电子设备、机翼设计和装配及机体总装等关键工作仍然由波音公司全权负责。在上述部件和其他零部件的研发与后续生产中,波音公司、外国合作伙伴和美国分包商大量采用计算机辅助设计和制造技术——设计规范以电子文档的形式,直接传输或通过磁盘发送给日本和意大利的合作伙伴[1]。

1983 年,波音 767 飞机进入市场,却遇到了意料之外的滞销,导致生产速率被放缓,利润也远低于日本联合体的预期水平。为了对波音767 项目中日本负责的零部件进行生产管理,日本商用运输机研发公司在设计和研发阶段结束时编制了一份报告,该报告指出:

> 日本商用运输机研发公司……一直计划在 1983 财年实现月产量最高达 10 架飞机的目标。由于销量低迷,每月产量仅为 2~3架,削减了日本商用运输机研发公司的利润,降低了其偿还政府债务的能力……产量降低还导致日本商用运输机研发公司产能过剩——这是一个尤其沉重的负担,因为裁员不是日本企业的传统,即使在困难时期也是如此[2]。

---

① "……新的设计和制造技术,尤其是计算机辅助设计,将更准确的数据交到分包商手中。这消除了中间步骤并减少了出错的机会。"*Air Transport World*,March 1981,p. 22。

② R. G. O'Lone, "New Efforts Task Japanese Firms," *Aviation Week and Space Technology*,Novermber 21,1983,p. 16。

波音公司与意大利和日本企业之间合同的基础是最终达到 500 架飞机的批量生产，并包含了达到这一累积产出水平时，学习曲线下降所带来的成本降低。换言之，合同所假设的风险分担分包商学习曲线降低程度是优于实际情况的。波音公司是公认的高效制造商，只有极少数老牌美国分包商才能达到协议拟定的成本绩效①。

虽然到目前为止，日本企业参与波音 767 项目所获得的技术和财务效益并不大，但波音公司在很多方面都有所收获。通过选择性地将设计和生产技术转移给日本企业，波音公司从其更成熟的技术能力中获得了可观回报，这是技术许可无法实现的②。通过与日本企业建立合作关系，波音公司能更快地进入日本市场，甚至是快速增长的东南亚市场③。日本企业可以获得政府为数不多的风险投资资本，降低了波音公司新款商用飞机研发资金投入的规模、成本和风险。波音公司还支持了日本企业进入零部件供应领域，从而加剧了供应商和分包商之间的竞争，波音公司也由此受益④。最后，凭借合作关系，波音抢占了日本联

---

① 英国宇航公司不愿意与波音公司合作建立合资企业，这在很大程度上反映了这家英国企业的担忧，即必须遵守非常严格，甚至是不可能实现的财务和绩效标准："……英国宇航公司需要实现波音公司自身都难以实现的目标。例如，波音公司对项目总成本进行计算，得出一个估值，从而隐藏了真实的成本。而英国宇航公司必须以根据该估值得出的价格设计和生产波音 757 设计中的最新元素，也就是机翼部分（波音 757 的其余大部分零部件来自现有技术）。根据英国宇航公司的计算结果，波音公司和英国宇航公司在机翼生产成本的估值上存在 30% 的出入。英国宇航公司对比较成本的分析表明，即使是生产力普遍较高的美国企业也无法以波音公司要求的价格生产新机翼。"Hayward，*Government and British Civil Aerospace*，p. 176。

② 波音 767 项目的日本合作伙伴向波音公司额外支付了 1.43 亿美元，作为对波音公司的生产和设计经验及全球销售和产品支持网络的特许权使用费。参见"Japanese Doubts Rising over F‐15，P‐3C，"*Aviation Week and Space Technology*，June 6，1977，p. 201。

③ 意大利飞机制造公司参与波音 767 项目后，未能进入类似的欧洲市场，因为空客公司（空客 A310 与波音 767 展开了直接竞争）拥有优越的政治地位和实力。

④ 类似观点参见 Richard W. Moxon，Thomas W. Roehl and J. Frederick Truitt，*Emerging Sources of Foreign Competition in the Commercial Aircraft Manufacturing Industry*（Washington，D. C. : U. S. Department of Transportation，1985），pp. 53‐54。

合体原本可能提供给空客公司的资本、生产专业知识和市场准入能力。

1984年3月,波音公司宣布与日本飞机研发公司(JADC,前身为日本商用运输机研发公司,负责管理新的飞机研发项目)成立合资企业,共同研发一款150座级飞机,期望于1990年推出。根据双方签署的谅解备忘录,日本飞机研发公司将拥有波音7-7(即波音7J7)项目25%的股权。正如谅解备忘录所述,日本参与波音7J7项目的方式与参与波音767项目的方式有着本质上的不同。在参与波音7J7项目的过程中,日本飞机研发公司不是按照波音公司要求设计和生产零部件的风险分担分包商,而是会参与从基础设计到营销、飞机销售融资和产品支持的所有阶段的活动。不过,波音公司仍然在合资企业中占主导地位,坚持要求获得更高的投资回报,以此作为对其设计、项目管理、营销和产品支持经验的认可,此举加强了其在合作中的地位[①]。

1984年3月,谅解备忘录的签署声势浩大,但波音公司、日本飞机研发公司和潜在客户难以就飞机设计方案达成一致,核心问题是波音7-7究竟是一款全新的飞机,还是一款经过改装和加长的波音737。日本参与方和通产省对改装波音737没有太大兴趣,这反映出他们的真实诉求是通过项目获得先进的设计和系统集成技术。由于这样一款飞机的市场具有不确定性,波音公司于1985年初单方面宣布将波音7-7飞机的推出时间推迟2~3年。与此同时,波音公司开始与GE公司开展一项重大研究,共同研发一款使用无涵道风扇(UDF)涡轮螺旋桨发动机的飞机(波音7J7),这种发动机有望大幅提高燃油效率。研发一款配备无涵道风扇发动机的150座级飞机机体,将涉及复杂的机体与发动机集成问题,同时还需要对(非金属、碳基)复合材料在机翼或机身中的广泛应用进行研究。波音公司做出这样的决定,意味着日本航

①　然而,日本飞机研发公司也坚持要求波音公司承诺拥有至少51%的7J7项目股权,以便确保波音公司作为项目管理者参与其中。

空发动机财团投入大量财力和技术资源研发的 V2500 发动机（本章稍后讨论），将只能用于空客 A320 和可能推出的波音 737 衍生机型。

1986 年 3 月，波音公司与日本飞机研发公司签署了另一份谅解备忘录，确认日本飞机研发公司参与波音 7J7 项目。日本飞机研发公司将拥有 25% 的股权，并将参与飞机设计、生产和营销的所有阶段。波音公司还在 3 月末宣布，瑞典萨博-斯堪尼亚（Saab-Scania）公司和英国肖特兄弟（Short Brothers）公司已同意作为风险分担伙伴参与波音 7J7 项目。肖特兄弟公司将承担大约 5% 的研发工作；萨博-斯堪尼亚公司承担的比例将与之相当或略高①。

波音 7J7 项目标志着波音公司与外国飞机制造企业合作模式的重大改变。在研发和设计阶段，外国企业越早参与，可能会获得越多的设计概念和技术。而波音公司也将通过利用外国企业的技术资产而获益，特别是日本企业在复合材料方面具备的大量专业知识。

此外，外国参与方最初的要求和期望——全面参与波音 7J7 项目各个阶段，很可能仅在形式上得到满足，因为复杂项目会对管理提出更高要求，迫使合资企业的参与方专注某一细分领域或职能。尽管如此，日本为飞机销售提供资金将增强波音公司在营销上的投入，这也是国际竞争中至关重要的一个方面。罗伯特·赖克（Robert Reich）对波音 7J7 协议提出了质疑②，虽然合资企业这一形式必然会带来更多技术转移，但并不足以让日本（或者瑞典和北爱尔兰）的企业作为独立的主制

---

① 有趣的是，肖特兄弟公司和萨博-斯堪尼亚公司目前仅参与波音 7J7 的设计，并未明确承诺生产该飞机的部件。波音公司高管称："合作伙伴（萨博-斯堪尼亚公司和肖特兄弟公司）必须能够以具有成本优势的方式生产其设计的部件，但前提条件是他们要承接生产业务……"参见 David A. Brown，"Short Brothers，Saab-Scania Join Boeing 7J7 Program," *Aviation Week and Space Technology*，March 31，1986，p. 32。

② Robert B. Reich，"A Faustian Bargain with the Japanese," *The New York Times*，April 6，1986，p. 2，Secion 3。

造商进入商用飞机产业①。波音 7J7 合资项目推动了波音公司和日本相关企业在商用飞机领域内联盟关系的不断发展,但波音公司仍然是该联盟中占主导地位的合作伙伴。波音公司管理人员也承认,之所以未与波音自己的零部件供应商在 7J7 项目上建立合作伙伴关系,是为了鼓励竞争。因此,波音 7J7 项目可能会使美国供应商面临更加激烈的外部竞争②。

3.2　麦道公司:水星 200 项目和 MDF100 项目

　　麦克唐纳·道格拉斯公司(麦道公司)在 20 世纪 70 年代和 80 年代初参与了两个合资项目,但都未能成功推出新飞机。失败的原因并非研制的机型缺乏市场需求。目标研制机型本可以比空客 A320 或波音 7J7 早几年投入 150 座级大型飞机市场。在麦道公司与福克公司合作开展的 MDF100 项目中,由于机体研发与先进发动机引入未能实现同步,导致了严重的市场不确定性,项目延期也超出了福克公司的承受范围。此外,管理问题也是项目失败的原因之一,麦道公司拒绝提供资金继续支持一家工程技术资源较少的欧洲合作伙伴。麦道公司与福克公司组建的合资企业还揭示出,在技术日新月异的商用飞机产业中,老牌企业之间开展产品研发合作所面临的特定困难。20 世纪 80 年代初,

---

　　① 赖克对波音 7J7 项目的批评与其将制造工艺技术视为商用飞机制造业核心竞争资产的早期观点相符。对于商用飞机制造业等高科技产业,这种评价受到了一定程度的曲解,因为人们认为与美国企业建立合资企业的外国参与方没有贡献任何技术资产。

　　② 戴维·布朗(David Brown)表示,波音民机集团执行副总裁托马斯·阿尔布雷克特(Thomas Albrecht)称:"……不过,不考虑将设备和子系统供应商作为(波音 7J7)项目的准成员说明波音公司希望在零部件供应商的选择上保留竞争优势。"参见"Short Brothers, Saab-Scania Join Boeing," p. 32。

材料、机体和发动机技术不断发展，导致麦道公司的既有产品线蚕食了 MDF100 的目标市场。麦道公司与达索公司、布雷盖公司及法国宇航公司合作的水星 200 项目甚至还未走到预先研发阶段。项目似乎注定失败，主要原因是麦道公司不愿意投入资源来改进飞机设计，未能让它成为更容易被潜在客户接受的机型。

1967 年，当时尚在盈利的麦克唐纳飞机公司与道格拉斯飞机公司合并，成立了麦道公司，随后便陷入财务危机，两家企业虽然合并，但产品线和盈利能力却未能实现融合。麦克唐纳飞机公司掌握了合并后的企业核心管理职能，并继续生产有利可图的军用战斗机，而生产商用飞机的道格拉斯飞机部门在 20 世纪 70 年代表现不佳。DC-10 面临着来自洛克希德 L-1011 的直接竞争，并且未实现商业成功①。1972 年 DC-8 的停产决定，也使道格拉斯飞机部门失去了一款原本能够在 20 世纪 70 年代后期和 80 年代盈利的产品②。而让道格拉斯差点破产的 DC-9 项目也是在投产数年之后才开始盈利。

由于 20 世纪 70 年代道格拉斯飞机部门的财务表现不佳，麦道公司的管理层不愿投入巨额资金研发新款商用飞机，麦道公司因此退出了多个商用飞机研发项目③。美国其他飞机制造商，特别是波音公司，同样也不愿意在没有其他企业参与合作的情况下启动新的研发项目。不过，波音公司始终拒绝在合作项目中担当领导者以外的角色。对波音公司而言，合资是研发新产品的手段，而麦道公司对合资企业感兴趣，部分原因是希望为其他企业设计和生产的产品提供销售和代理服

---

① 据报告的估计，1979 年，麦道公司道格拉斯飞机分部损失 7 000 万美元，而 1980 年的损失是 1979 年的两倍多，达到 1.44 亿美元。*The Economist*，"Aircraft Industry：Tomorrow's Pterodactyls？"，May 30，1981，p. 4.

② DC-8 拥有可靠的机体设计，能够配备省油的新型发动机，可以相当低廉的价格为客流量适中的远程航线提供服务。

③ 相关案例，参见 *Business Week*，"The Big Deal McDonnell Douglas Turned Down，" December 1，1980，pp. 81-82.

务,从而更充分地利用自身广泛的产品支持和营销网络。此外,麦道公司将水星 200 项目用作增加 DC‐9 和 DC‐10 在欧洲市场销售量的手段。由于动机不同,麦道公司并未坚持在合资企业中拥有控股权。

20 世纪 70 年代,麦道公司与多家欧洲飞机制造商就联合研发新款飞机进行了广泛讨论。与波音和空客一样,麦道公司也注意到,150 座级飞机的细分市场将是新型商用飞机在 20 世纪最后的机会。但能否研制出一款燃油效率高的新型发动机,为 150 座级飞机的前景蒙上了一丝不确定的阴影。150 座级飞机能否研发成功,取决于其是否装配至少一台(最好是两台)推力达 2 万～2.5 万磅的新型发动机。虽然 GE 公司与斯奈克玛公司组建的合资企业将生产这种发动机,但另一款同类型发动机能否问世和推出日期仍然无法确定。1978 年,当时正在研发 JT10D 发动机的罗‐罗公司与普惠公司的合资企业解散,上述不确定性随之急剧增加。

麦道公司的首个重大合资项目是与欧洲企业合资研发水星 200 飞机。水星 200 可搭载约 170 名乘客,是法国达索‐布雷盖公司未成功项目水星 100 的衍生机型,将配备 GE 公司与法国斯奈克玛公司当时正在合作研发的 CFM56 发动机。为了支持研发,法国政府在 1975 年至 1976 年组织法国宇航公司、达索‐布雷盖公司、波音公司和麦道公司进行了会谈,最终促成麦道公司与这两家法国公司于 1976 年 8 月宣布共同研发水星 200。根据最初的协议条款,麦道公司将在飞机的研发和生产中扮演次要角色,仅负责设计飞机的部分部件,在生产中所占的工作份额也仅为 15％。由于空客 A300 的滞销及多个军用飞机项目的终止,法国宇航公司当时正面临着持续的财务亏损,而该公司将负责包括总装在内的 40％装配工作。达索‐布雷盖公司负责总体设计和约 15％的飞机生产工作。麦道公司虽然在水星 200 的设计和生产中担任次要角色,却负责飞机的销售和产品支持工作。此外,还有报道称,麦道公司以非正式的方式获得了法国和瑞士航空公司 75 架 DC - 9 和 8 架 DC - 10 的订单，作为交换，麦道公司放弃了水星飞机的大部分装配工作①。

水星 200 采用了与水星 100 相同的机翼设计，这限制了该款飞机的设计航程和其他性能，以及其潜在市场②。尽管麦道公司和许多航空公司大力支持采用新的机翼设计，但考虑到成本，重新设计对法国企业而言毫无吸引力③。麦道公司认为设计新机翼对渗透美国市场至关重要，对水星 200 能否实现商业成功的影响很大。然而，麦道公司最终未能改变水星 200 的机翼设计，该项目因市场需求不足而被放弃。水星 200 市场表现疲软虽然不仅仅是因为机翼设计，但其设计缺陷显然降低了飞机的市场吸引力。尽管麦道公司非常清楚水星 200 设计中存在的问题，但该公司显然不愿意在这个成本高昂的研发项目上进一步投资，而这对于水星 200 取得商业成功是必不可少的。

麦道公司拥有可观的技术资产，但在参与 MDF100 项目时，却同样缺乏与之相匹配的资金投入。1981 年 5 月，麦道公司与福克公司启动了一款 150 座级飞机（MDF100）的联合设计。由于项目启动的时机不合适，该项目从一开始就陷入了困境。该项目启动时间处在 V2500 发动机项目宣布之前、CFM56 发动机推出很久之后，因此当时没有可供 MDF100 使用的全新发动机。此外，发动机研发所需的时间大约比机体研发所需的时间长一年，因此想要购买 MDF100 的航空公司需要在

---

① 参见 Robert Ropelewski, "Mercure 200 Pact Sparks Uproar," *Aviation Week and Space Technology*，August 23，1976，p. 12。

② 此外，由于 CFM56 高涵道比发动机的直径远大于水星 100 配备的发动机，原始机翼设计与 CFM56 发动机不匹配。

③ 据估计，如果重新设计机翼，水星 200 原本约 2.5 亿美元的研发成本将翻倍甚至增至 3 倍。参见 Ropelewski, "Mercure 200 Pact," p. 12。

CFM56 或 JT8D 这两款发动机之间进行选择[①]。飞机制造商大多采用以下几种方法来处理类似的研发时机问题：延长设计定义阶段，在基本设计概念的基础上制定多种衍生方案，以及不断就推进技术和客户需求的潜在发展方向与航空公司和发动机制造商进行磋商。这些方法降低了商业上的不确定性，但需要持续投入大量工程技术资源。

市场的不确定性导致 MDF100 项目延长了设计定义阶段。论证阶段周期延长，对福克公司有限的工程技术和设计人才投入提出了更高要求，这是导致该项目失败的关键因素。福克公司当时正在生产两款成功的机型，分别是 F27 涡轮螺旋桨通勤飞机和 F28 短程喷气式飞机。这两款飞机的产品支持、生产工程和设计更改需要投入大量的工程技术资源，如果福克公司将大量资源投入到 MDF100 项目中，可能会对在产的盈利项目造成影响，如果为此临时扩招工程人员，最终又需要面对代价高昂的裁员。面对 MDF100 可能无限期拖延的初步设计阶段、不明朗的商业前景，以及继续研发 MDF100 给公司产品线带来的风险，福克公司高管于 1982 年 5 月选择退出 MDF100 项目。

福克公司不愿继续参与 MDF100 项目的原因是该机型的市场前景并不明朗，麦道公司则是因为（本公司产品）DC-9 加长和更换发动机后仍然具备巨大潜力，于是对 MDF100 项目的兴趣也有所减弱。DC-9（后改名为 MD-80）机体加长后，如果配备新发动机，可容纳多

---

① 在评论 MDF100 项目的消亡时，一篇文章指出："……缺少推力达 23 400 磅的新型省油发动机来为 MDF100 提供动力。经济困难使发动机制造商推迟推出新发动机。对于是否有新发动机能于 1985 年年底获得认证并满足 150 座级飞机于 1987 年开始服役的时间要求，福克公司期望不大。"(*Aviation Week and Space Technology*，February 15，1982，p. 34.）福克公司总经理 Frans Swarttouw 回顾往事时表示："几个月过去了，情况本应该会好转，但实际却变得更糟。市场崩溃了。我们最终只与达美航空进行了接洽。美国联合航空明确表示其无法订购，因为没有发动机。如果有市场，所有这些问题都可以解决；但没有市场，我们很快就开始怀疑我们到底在做什么。"(*Reed*，1983，pp. 20-25。）

达 150 名乘客。加长型 DC - 9 还能够在保持盈利的情况下，以低于 MDF100 的价格出售，1981 年 MDF100 的价格预计为 2 500 万美元。随着麦道公司的现有产品线日益侵占联合研发产品的目标市场，在合资企业成立之初未能预见的发动机研发和技术可行性问题，导致麦道公司和福克公司之间的利益冲突日益加剧。

推出 MDF100 的总成本约为 20 亿美元，其中福克公司出资 10 亿美元，而这 10 亿美元中又有近 7 亿美元来自公共资金，包括 3.26 亿美元的信贷和 3.67 亿美元的担保贷款[①]。福克公司将把实现盈利前出售每架飞机获得的特许权使用费及实现盈利后固定份额的项目总利润用于偿还贷款。

由于两家公司都参与了 MDF100 项目的初步设计阶段，双方就专有数据和设计技术进行了大量交流。尽管最初的谅解备忘录条款规定，若合资企业解散，所有设计数据都应归还给原提供者，但可以肯定，MDF100 项目也出现了合资项目中普遍存在的技术转移。例如，麦道公司高层称，MDF100 的机翼设计融合了福克公司和麦道公司双方的设计概念[②]。福克公司还为合资企业提供了金属黏结方面的专业知识。然而，同参与波音 7J7 项目的日本企业相反，参与 MDF100 项目的这两家企业都不急于在该项目内实现最大限度的技术转移。

两家企业成立了小型项目办公室对 MDF100 项目进行管理，这种做法反映了麦道公司和福克公司在项目中的平等地位。但事实证明，这种管理结构有些低效。虽然大部分设计工作和全部的生产管理、市

---

① 参见 *Aviation Week and Space Technology*，"Industry Observer，" September 21，1981，p. 15。

② 福克公司于 1983 年推出的 F100 喷气式飞机利用了 MDF100 项目的部分设计成果和未使用的政府研发基金。参见 *Aviation Week and Space Technology*，"Dutch, Swedes Use Innovative Financing，" September 6，1982，p. 172。

场营销和产品支持工作均由两家企业而非独立实体承担,但项目办公室规模不大,意味着必须由麦道公司或福克公司的高管对设计和其他问题做出决策。由于各方在设计和管理事务上都有充分的发言权,因此各方实际上都对这些决策有否决权。结果,MDF100 项目设计阶段的时间和成本都远远超出独立项目。如果这两家合作企业安排单独的工程人员专门参与 MDF100 项目,决策和设计方面的一些困难可能会有所缓解。

麦道公司在水星 200 项目和 MDF100 项目中的经验表明,如果具备技术或财务优势的企业在合资企业中不愿意占据主导地位,那么合资企业必定会出现一些困难。如果麦道公司愿意在项目中充当更强有力的角色,那么一款在技术和商业上都成功的飞机可能已经生产出来了①。当然,水星 200 项目中的法国参与企业不愿意解决麦道公司提出的设计问题也是导致该项目失败的原因之一。然而,麦道公司在该项目中扮演次要角色,就意味着没有实现自身愿望和设计概念的地位(决定权)。就 MDF100 项目而言,若麦道公司投入更多的资金和人力,可能会促使福克公司继续参与项目。导致该项目分崩离析的核心因素不是设计定义阶段的时间长短,而是福克公司不愿意承担在此期间工程技术资源的流失。总结来说,一边是麦道公司不愿投入工程资源,另一边是福克公司不愿在 MDF100 项目中充当次要角色。从法国航空航天业管理人员和政策制定方的声明来看,水星 200 项目中,法方合作企业同样也不愿意充当次要角色②。

---

① 与早期的合资企业相比,目前麦道公司与国外企业就 MD-80 衍生机型研发签订的合作协议(包括与萨博-斯堪尼亚公司和意大利飞机制造公司的技术合作,以及 MD-82 在中国的许可生产)似乎都将主要的技术管理责任保留在了麦道公司。

② 正如在讨论法国企业与波音公司之间谈判时所指出的那样,法国机体制造商历来在任何合资企业中都不愿接受从属角色。

3.3　GE公司与斯奈克玛公司组建的合资企业

GE公司与斯奈克玛(Société Nationale d'Etude et de Construction de Moteurs d'Aviation)公司组建的合资企业主要生产CFM56,这是一款推力达2.2万～2.5万磅的高涵道比发动机。双方的合作依托于一个正式的独立实体企业,即CFM国际。GE公司与斯奈克玛公司分别拥有该实体企业50%的股权。在麦道公司和福克公司合资的企业中,双方在资金和技术方面地位均等,而在CFM国际内,GE公司拥有技术优势。在美国国防部的管控下,GE公司成功通过合资的形式向斯奈克玛公司转移了发动机技术。

CFM国际的例子,可以解释第2章中讨论的导致主要发动机制造商逐渐退出各个商用发动机细分市场的原因。GE公司长期以来一直涉足商用喷气发动机生产,但到20世纪60年代后期,普惠公司主导了商用喷气发动机市场。不过,GE公司生产了多款成功且具有盈利能力的军用发动机,包括用于C-5A的TF39和用于B-1轰炸机的F101。这些军用发动机项目及GE公司与斯奈克玛公司的合作,为GE公司重返商用发动机市场奠定了基础。斯奈克玛公司在整个二战后时期都专注于军用发动机领域,将合资企业视为摆脱对军用市场依赖、追求产品多样化的手段①。

CFM国际的合资成立发生在20世纪70年代初,当时大西洋两岸的发动机制造商意识到,推力达2万～3万磅的高涵道比、适用于中短

---

①　20世纪70年代初期,与罗-罗公司合资研发和生产的小型涡扇发动机M45H遭遇了商业上的失败,因为该发动机预期服务的飞机(即产量低于30架的Fokker/VFW 614)销量较差。

程飞机的发动机具有市场前景,欧洲密集的短途航线正是这种发动机的主要市场之一。为了进入欧洲市场,GE 公司和普惠公司都希望欧洲企业参与此类发动机的研发和生产。与此同时,斯奈克玛公司(法国政府持股 90%,普惠公司持股 10%)提出了发动机的概念设计,并分别与 GE 公司和普惠公司进行了洽谈,最终选择与 GE 公司合作研发生产所谓的"十吨级"发动机。之所以选择 GE 公司,是因为斯奈克玛公司是 GE 公司的主要分包商,参与了空客 A300 和 A310 所用发动机 CF6-50 和 CF6-80 的生产,根据一份类似于军方抵销贸易的协议,斯奈克玛公司还负责空客公司 CF6 发动机的总装工作。

GE 公司"十吨级"发动机的设计延续了其在商用发动机研发时对"军转民"技术溢出的依赖,比如 CF6 就采用了为 TF39 军用发动机研发的高涵道比发动机技术。GE 公司在 CFM56 发动机的设计中使用了其为 F101 军用发动机研发的发动机核心压气机。但是,在美国空军看来,这种发动机核心压气机是使用公共资金研发的一项重大技术,也是国家安全资产。因此,国防部反对 GE 公司将这项技术转移给外国企业。为此,法国政府和美国政府展开了最高级别的协商(1972 年,法国总统蓬皮杜在致尼克松总统的一封信中提到了这个问题)。在经过漫长的谈判后,国防部批准在特定的限制条件下,允许在 CFM56 发动机中使用 F101 压气机技术。限制条件如下:GE 公司将发动机核心机装入密封的"黑箱"模块中发往斯奈克玛公司,供其在 CFM56 装配线上进行安装;压气机运往法国进行试验的时间推迟 18 个月;向美国政府支付每台发动机的特许权使用费。虽然谈判最终取得了成功,但却导致 CFM56 的推出时间至少推迟了一年。

延期进入市场通常会对新发动机的商业前景产生灾难性影响。但 CFM56 却从中受益,因为其所在市场在当时几年前景相当黯淡。20 世纪 70 年代后期,欧洲和其他地区的航空公司未能实现其所期待的机队更新计划。尽管法国政府付出了大量努力，支持推出可配备 CFM56 发动机的机型，但 CFM56 发动机到 20 世纪 80 年代初都处于滞销状态，直到 DC-8 和 KC-135 军用加油机更换发动机才带来近 2 500 台的发动机订单。最近，波音 737-300 的推出和空客 A320 的研发大幅增加了 CFM56 发动机的潜在销量。这两款机型均使用 CFM56 发动机的衍生型号，分别为 CFM56-3 和 CFM56-5。

CFM 国际这家合资企业有几点特别值得注意。国防部限制 CFM 的技术转移，导致该款发动机的研发更加困难、成本更高，但这一限制最终并未危及该项目。GE 公司可以在单独制造核心压气机后密封"黑箱"模块，将压气机发往斯奈克玛公司，这个过程相对比较容易实现，这也表明 CFM56 发动机采用了能够降低维护成本的模块化设计。模块化设计理念得到成功应用，并能最大限度地减少技术转移。该理念还应用于包括国际航空发动机公司 V2500 在内的其他发动机设计中。此外，GE 公司承担了该款发动机整体研发和系统集成的大部分工作，减少了两个合作伙伴之间信息和数据的交换需求。尽管如此，有些人仍认为 CFM56 发动机存在性能代偿损失，因为在发动机研发过程中，负责压气机和发动机后部研发工作的双方并未充分分享技术和设计数据①。

CFM56 发动机缓慢的研发进度，反而使研发过程的管理工作简单化了。如果 CFM56 是一个进度紧张的项目（例如，波音 747 配备的 JT9D 发动机），项目管理将会更加困难，因为任何一方都没有明确的否

---

① 一篇对美国政府与普惠公司随后就与罗-罗公司开展的 JT10D 项目内技术转移谈判的文章引用了普惠公司高管戴维·皮克雷尔（David Pickerell）的话。皮克雷尔表示："如果（技术转移）限制不解除，并且欧洲合作伙伴被迫以斯奈克玛公司在 CFM56 项目中一样的条件（斯奈克玛公司未获准在项目中使用 GE 公司的核心发动机技术）下运作，那就可以肯定，JT10D 无法达到原本的性能水平。"*Aviation Week and Space Technology*，"Rolls Confident of Major JT10D Task," September 6，1926，p. 109。

决权,也没有单独设立人员齐全的项目管理办公室。虽然两家企业都没有正式否决权,但 GE 公司被公认为在该合资企业内具有技术优势,并且向斯奈克玛公司收取项目管理费。因此,主要的设计决策通常由 GE 公司的人员做出,而斯奈克玛公司则负责提供输入。该款发动机几乎所有的产品支持都由 GE 公司提供,从这一点中也可以推断出 GE 公司在合资企业中所扮演的角色。两家企业在财务方面的平等地位并未体现在双方的技术关系中,这似乎避免了决策方面的问题。因此,GE 公司和斯奈克玛公司之间的技术不对等和相对更长的研发周期,似乎避免了类似 MDF100 项目和水星 200 项目的困扰。

斯奈克玛公司与 GE 公司共同负责发动机总装工作,在法国和美国均设有发动机生产线。迄今为止,在一些军用抵销贸易和联合生产项目中已经出现了生产波动所引发的问题,但 CFM 项目似乎也避开了这方面的管理困难。在 CF6 项目中,斯奈克玛公司是主要供应商,GE 公司通过改变其装配线生产率,调配人员转移到其他产品线等方法,来解决与需求波动相关的问题。CFM56 发动机的需求波动并不太大——自投产以来,该发动机的市场需求足以让两条装配线都满负荷运作。

作为一家合资企业,CFM 国际公司获得了商业成功。1984 年,斯奈克玛公司已经是法国航空航天产品的主要出口商之一,而 CFM56 发动机占 1984 年大型商用飞机发动机市场订单总量的近 50%。GE 公司也有收获,斯奈克玛公司承担了 CFM56 项目 50% 的研发成本,总额超过 10 亿美元。斯奈克玛公司在财务上的贡献非常重要,并不单单是因为其出资的规模大。在 GE 公司的高层看来,斯奈克玛公司的出资阻止了 CFM56 项目在 20 世纪 70 年代走向终结。此外,CFM56 - 5 发动机中包含了大量法国本土零部件,这无疑推动了空客 A320 选装 CFM56 - 5 发动机,这也是通过成立合资企业这一战略来提高市场准入能力的一个很好的例子。各方对法国政府的研发支持力度有不同的估计数据，在该项目整个生命周期中，法国政府的出资（其中大部分采用低息或无息贷款的形式）可能至少达到了数亿美元[①]。

事实证明，CFM 项目为斯奈克玛公司带来了经济回报，但在技术方面的增益却并不明显。在没有 GE 公司参与的情况下，斯奈克玛公司从未表现出独立研发或与其他欧洲制造商合作研发商用发动机的意愿。CFM 合资企业项目可能阻止了在商用喷气发动机市场出现一个完全由欧洲企业组成、由罗-罗公司带领的联合体[②]。斯奈克玛公司成为发动机主制造商的可能性不大，但几乎可以肯定，该公司成了更具竞争力的备件供应商。尽管 CFM56 发动机的备件销售受 GE 公司与斯奈克玛公司之间协议的约束，但斯奈克玛公司仍有可能进入其他军用或民用发动机备件市场。

GE 公司与斯奈克玛公司之间的协议仅涉及 CFM56 发动机。不过，GE 公司和斯奈克玛公司最近拓展了双方的合作关系，将无涵道风扇（UDF）发动机的研发纳入合作范围。该发动机是波音公司为 7J7 飞机提出的方案。斯奈克玛公司目前在无涵道风扇发动机合作研发项目中占有 35% 的份额。与 CFM56 一样，无涵道风扇发动机也采用了军用发动机核心技术（用于战斗机的 F404 发动机）。无涵道风扇发动机研发项目的支出可能会远远超过 CF6 或 CFM56 项目，这使得 GE 公司

[①] 有关法国政府为斯奈克玛公司 CFM56 项目提供的预计资助金额可参见美国国家工程院关于美国民航制造业圆桌会议讨论的背景文件，还可以参见 Aerospace Industries Association，*The Challenge of Foreign Competition*（Washington，D. C.：Aerospace Research Center，1976）。预计资助金额高达 5 亿美元。

[②] 这样的联合体需要英国政府对罗-罗公司施加相当大的压力。海沃德（Hayward）指出，罗-罗公司历来极不愿意与欧洲发动机制造商开展合作项目："罗-罗公司将英美企业之间的合作视为'实力相当者'之间的合作。罗-罗公司董事长肯尼思·基思（Kenneth Keith）爵士表示，'在某些领域，他们比我们强；而在某些领域中，我们比他们强。'他说，欧洲企业之间合作的问题在于，这种合作通常是'单向合作，罗-罗公司是付出方'。"Hayward，*Government and British Civil Aerospace*，p. 157。

更加青睐双方的合作伙伴关系。

由于该项目中存在两个反向因素，导致无涵道风扇发动机项目合作方之间潜在的技术转移量难以确定。一方面，斯奈克玛公司在无涵道风扇发动机项目中所占的份额小于其在 CFM56 项目中所占的份额①。另一方面，两家公司在无涵道风扇发动机项目的早期研发阶段就开展合作，双方不可避免会产生大量的知识和技术交流。由于无涵道风扇技术尚未得到充分检验，这款发动机本身的技术也不太适合CFM56 项目那样"公平"的安排，即无法以模块化方式进行研发，这也可能导致技术转移量增加②。与波音公司和日本财团开展的 7J7 项目一样，无涵道风扇发动机项目表明斯奈克玛公司与 GE 公司的合作关系仍将持续，并且合作项目内的技术转移可能也会增加，但 GE 公司仍将是占据主导地位的公司。

CFM 国际合资企业的案例解释了美国政府在管制技术转移方面的成本和收益。对技术转移的管制不仅并未妨碍这家合资企业取得技术或商业成功，还减少了该合资企业内的技术转移量。不过，与国防部、国务院、白宫和国家安全委员会制定和协商此类管制措施却耗费了大量时间，导致 CFM56 项目严重推迟。此外，技术转移限制可能会导致产品性能代偿损失。至少，CFM56 项目的经验表明，任何对技术转

---

① 最近一篇文章引用了斯奈克玛公司高管的话，"在 CF6 项目中，斯奈克玛公司基本上是一个分包商；在 CFM56 项目中，斯奈克玛公司是一个平等的合作伙伴；在无涵道风扇发动机项目中，斯奈克玛公司的角色介于两者之间。"Jeffrey M. Lenorovitz, "Snecma Takes Share of GE Unducted Fan, Talks with Rolls on Smaller Engine," *Aviation Week and Space Technology*, May 27, 1985, p. 20.

② "斯奈克玛公司的一位高管表示，无涵道风扇发动机比涡轮风扇发动机更加难根据工作份额分配而进行'分割'，因为短舱和反推装置都是动力装置的组成部分。因此，我不知道 50% 的份额对我们来说是否太多。即使获得的工作份额低于 50%，我们仍然希望在该项目中占有重要份额。"Jeffrey M. Lenorovitz, "Snecma, General Electric Consider Joint Development of Unducted Fan," *Aviation Week and Space Technology*, February 25, 1985, p. 41.

移进行管制的政策,都必须拥有一套迅速有效且内部一致的评估过程,并将此作为首要目标。

3.4 萨博-费尔柴尔德 340 飞机

萨博-费尔柴尔德 340 飞机(SF340)是自美国国内航空运输放松管制以来推出的唯一一款有美国企业参与研发和生产的通勤飞机,是瑞典萨博-斯堪尼亚公司与美国费尔柴尔德公司的合资项目。该飞机是萨博公司 30 多年来生产的首款民用飞机,也略微扩展了费尔柴尔德公司的民用飞机产品线。与 CFM 国际的合资项目相似,这两家企业也将合资项目作为进入新市场的工具。而不同之处在于,萨博-斯堪尼亚公司与费尔柴尔德公司在技术上是平等的合作伙伴,其合资项目涉及大量技术交流。但由于费尔柴尔德公司选择退出,萨博-费尔柴尔德合资企业项目宣告失败。虽然费尔柴尔德公司仍将在未来数年内作为 SF340 的主要分包商和供应商继续参与生产,但事实证明,这家美国企业没有能力承担失去合作伙伴带来的财务和技术负担。

为了实现产品多样化、不再局限于军品生产,萨博-斯堪尼亚公司于 20 世纪 70 年代末启动了 SF340 项目①。在过去的 40 年里,该公司一直为瑞典空军设计和制造军用飞机,形成了强大的设计和生产能力。然而出于多种原因,20 世纪 70 年代后期,瑞典军用飞机市场的发展前景渺茫,这大大刺激了萨博-斯堪尼亚公司从仅生产军用飞机转而追求产品多样化。对企业来说,为其他商用飞机生产部件是维持员工人数、生产力水平和设计能力水平的一种方式。20 世纪 80 年代初,萨博-斯

---

① 有关萨博-斯堪尼亚公司历史的更多内容,参见第 4 章。

堪尼亚公司开始为麦道公司 MD-80 和英国宇航公司 BAe 146 制造部件，其作为分包商的地位在此期间大幅提升。但仅靠分包业务并不能维持萨博-斯堪尼亚公司的设计和系统集成能力，这只能靠研发和生产自主承担整体设计和系统集成大部分工作的商用飞机才能实现。

20 世纪 70 年代中期，在尝试与德国梅塞施密特-伯尔科-布洛姆公司（MBB 公司）、英国飞机公司和西班牙航空工业公司（CASA 公司）合作设计和研发"欧洲飞机"（Europlane）之后，萨博-斯堪尼亚公司决定研发通勤飞机。"欧洲飞机"联合企业的目标是设计和生产一款可容纳 100～140 名乘客的短程飞机。由于 20 世纪 70 年代初期飞机市场低迷，又因缺乏可大幅降低运营成本的新发动机，于是项目陷入困境。对萨博-斯堪尼亚公司来说，就算参与其他大型民用飞机联合体，例如波音公司或空中客车工业公司的合作伙伴，显然也成不了飞机设计的主体，而机会在通勤飞机市场①。通勤飞机市场有望于 20 世纪 70 年代后期迅速发展，而且与大型商用飞机相比，通勤飞机的研制成本相对较低。由于美国国内运输市场放松管制，以及新兴工业化国家的经济持续增长（其中在许多国家，航空运输的替代方式有限），市场对通勤飞机的前景持乐观态度。萨博-斯堪尼亚公司设计的通勤飞机比较先进，将采用客舱增压和先进飞行管理系统。该公司利用其早期在军用飞机方面的研发经验，开始着手设计高性能通勤飞机。

出于多种考虑，萨博-斯堪尼亚公司希望有美国合作伙伴参与飞机的研发、生产和营销。首先，进入美国市场对于任何一款通勤飞机的商业成功都至关重要。而美国合作伙伴的存在将大大有助于产品进入美国市场。其次，萨博-斯堪尼亚公司缺乏针对非军用飞机的国外营销或产品支持网络。与一家成熟的美国制造商合作，可以为萨博-斯堪尼亚

---

① 该公司最近决定与波音公司和麦道公司签订产品合作研发协议，这表明保持更广泛的能力现在可能只是一个次要目标。详细内容参见第 4 章。

公司在美国提供这样的支持网络，而美国又是通勤飞机最大的单一市场。最后，SF340 研发的资金要求和工程技术要求意味着需要合作伙伴的支持才能及时推出该飞机。很明显，在评估潜在的美国合作伙伴时，是否具备技术能力并不是这家瑞典公司关注的重点。

20 世纪 70 年代后期，萨博-斯堪尼亚公司与包括比奇飞机（Beech）公司、赛斯纳（Cessna）公司和派珀（Piper）公司等美国主要的通用航空飞机和公务飞机制造商进行了接洽，但这些制造商都不愿意参与。费尔柴尔德公司似乎是一个有吸引力的合作伙伴，因为其拥有生产 19 座级梅特罗（Metro）飞机的史威灵飞机公司，在生产和销售 Metro 飞机的过程中，费尔柴尔德-史威灵飞机公司建立了一个广泛的美国营销和产品支持网络，这正是萨博-斯堪尼亚公司感兴趣的关键企业资产。

1980 年，萨博-斯堪尼亚公司与费尔柴尔德公司签署协议，双方分别承担 50% 的飞机研发成本，并由萨博-斯堪尼亚公司在瑞典进行飞机装配。瑞典工业基金（Swedish Industry Fund）提供了 3.5 亿瑞典克朗（按 1982 年汇率计算为 6 000 万～8 000 万美元）的承保贷款，作为萨博-斯堪尼亚公司的部分研发支出。费尔柴尔德公司主要负责生产机翼，再由军用飞机制造商——也是早期波音飞机的主要分包商——费尔柴尔德-共和航空（Fairchild-Republic Aviation）公司负责机翼装配。费尔柴尔德-史威灵飞机公司负责该飞机在美国的营销和产品支持。萨博-斯堪尼亚公司与费尔柴尔德公司成立了一个双方共同控股的合作实体，即萨博-费尔柴尔德国际（Saab Fairchild International）公司。但这家公司不负责设计或项目管理，仅负责美国境外的营销和产品支持，双方分别派出相同数量的高管组成一个专门委员会，负责管理项目研发和生产工作。在 SF340 项目中，两家公司的资金和技术投入相当，并且未设立独立于两家公司的项目管理办公室。

SF340 项目中，围绕设计和技术问题，经常由一小部分独立员工将问题上报至全权管理委员会,再由两家公司的最高层做出大小决策。这一过程耗费了大量时间。萨博-斯堪尼亚公司相对缺乏民用飞机研发经验,因此接受了费尔柴尔德公司提出的一些关键设计建议,包括采用一排 3 座布局,飞机载客量为 34 座。这样的设计是为了使该款飞机对公务航空客户具有吸引力,但也将 SF340 推入了通勤飞机竞争激烈的细分市场,与加拿大德哈维兰公司(DHC-8)和巴航工业公司制造的产品同台竞争。虽然 SF340 可以在加长机体后进入 40 座级飞机市场,但此举成本太高,还可能影响该款飞机稍小版本的销量。

围绕设计特性的持久讨论和争议,以及在掌握新黏合技术和机翼设计方面的技术难点,都导致 SF340 的研发有所延迟。因此,为了与多款机型竞争,留给 SF340 的交付周期大幅缩短。此外,SF340 的研发和启动成本超过了 4 亿美元,远超预期[①]。

SF340 采用的许多重要技术并非来自两家母公司。例如,飞机机翼是基于 NASA 的设计。萨博-斯堪尼亚公司凭借与费尔柴尔德公司的合作关系获得了机翼设计和性能的数据。作为一家美国企业,费尔柴尔德公司可以随时获取 NASA 发布的所有数据;而这些数据在美国国内发布的一年内,萨博-斯堪尼亚公司是无权限获得的。SF340 机身的制造还采用了由洛克希德公司和波音公司研发的高温黏合技术,这是费尔柴尔德公司在作为波音公司的主要分包商时使用的一项技术。SF340 项目中的合作双方技术水平相当,意味着在该项目中美国飞机技术的净"流出"不多。虽然该款飞机在瑞典进行装配,但最终产品(使用 GE 公司的发动机)中使用了大量美国生产的零部件(起落架和螺旋桨是仅有的非美国生产的部件)。该项目不太可能对美国的供应商造成损害。

---

① 参见 *Aviation Week and Space Technology*,"Fairchild Withdrawing from 340 Aircraft Project," October 21, 1985, p. 23。

SF340 于 1984 年进入市场,有不错的销量。据统计,该飞机的订单总量至少达到了 79 架,瑞典装配线的储备订单可生产到 1986 年。然而,该飞机尚未盈利,生产带来的巨额财务负担已对费尔柴尔德公司造成了不利影响。此外,该款飞机在投入运行的前两年中经常出现运行问题。

由于在 1984 年至 1985 年间陷入严重的财务困难,因此费尔柴尔德公司的母公司费尔柴尔德工业(Fairchild Industries)公司于 1985 年 9 月退出了与萨博-斯堪尼亚公司的合作。在出现包括从机翼装配到在美飞机销售在内的一系列管理和技术问题之后,费尔柴尔德公司退出了合作①。根据与萨博-斯堪尼亚公司达成的解散协议,费尔柴尔德公司将在 1987 年上半年作为分包商负责制造 SF340 的机翼②,并在 1986 年至 1987 年期间将机翼设计、制造工装和设计数据转移给萨博-斯堪尼亚公司,而萨博-斯堪尼亚公司将在 1987 年全权负责机翼生产。费尔柴尔德公司也将完全退出 SF340 的营销和产品支持。

与费尔柴尔德工业公司不同,萨博-斯堪尼亚公司的母公司并未因 SF340 项目而遭受财务损失,因为该项目的一部分成本由公共资金承担,一部分由萨博-斯堪尼亚公司汽车业务带来的巨额利润填补。费尔柴尔德公司的退出并不意味着 SF340 的终结。一段时间以来,费尔柴尔德公司在技术和财务上的薄弱,迫使萨博-斯堪尼亚公司在重组美国营销网络等业务过程中发挥了比原计划更重要的作用。但如果萨博-斯堪尼亚公司想要在民用飞机生产上继续盈利,就必须推出更多针对通勤或公务飞机市场的产品,充分利用为 SF340 建立的营销和产品支

---

① 最初由费尔柴尔德公司全权负责的美国境内市场营销和产品支持相关工作于 1984 年进行了重新安排,由萨博-费尔柴尔德国际公司负责。

② 参见 *Aviation Week and Space Technology*,"Fairchild Withdrawing," October 21, 1985, p. 23.

持网络。由于独立研发项目成本很高,未来如果研发任何产品,萨博-斯堪尼亚公司都必须寻求其他合作伙伴。

尽管最初销售前景一片大好,但 SF340 不太可能带来丰厚的经济回报。费尔柴尔德公司虽然提供了大量资金,但最终被证明是一个实力不足的合作伙伴。萨博-斯堪尼公司需要获得一笔大额增资来维持 SF340 飞机市场,飞机产量必须达到一定数量(200～250 架以上)才能开始盈利。由于最初有美国合作伙伴参与了飞机研发和生产,因此 SF340 飞机在美国市场占据了大量份额。萨博-斯堪尼亚公司通过合作研发 SF340 飞机来减少财务风险的战略,充其量只能说是取得了喜忧参半的结果。

SF340 合资项目,不仅反映出选择强大合作伙伴的重要性,还为技术和财务实力相当的企业组建合资企业提供了管理上的指导方针。由于合作伙伴未能明确其技术优势,也未能组建负责管理飞机设计、研发和生产的自主团队,SF340 合资项目遭遇了重重阻碍。尽管此类独立实体的管理可能与母公司某些高层管理的职能重复,并产生许多重复性成本,却是极有必要的,因为 SF340 合资项目的人员连较低层级的问题都无法解决,严重影响了飞机设计进度,延迟了飞机进入市场的时间。对飞机而言,尽快投入市场至关重要,时间延迟将导致成本超支。

3.5　国际航空发动机公司 V2500 发动机

V2500 项目的参与方包括普惠公司、罗-罗公司、菲亚特航空公司、MTU 公司和日本航空发动机公司(由川崎重工、三菱重工和石川岛播磨重工组建的联合体),是商用飞机产业最耗资的项目之一。承担该项目的合资企业于 1983 年宣布成立,目标是研发和生产一款推力达 2.5

万磅的新型发动机，可为20世纪90年代推出的150座级飞机（目前为空客A320和麦道公司的MD-89）提供动力。国际航空发动机公司（IAE）在瑞士注册成立，负责协调V2500发动机的研发、生产、营销和产品支持。公司的持股比例为：普惠公司30％、罗-罗公司30％、日本航空发动机公司19.9％、MTU公司12.1％和菲亚特航空公司8％。合资企业的构成看似复杂，其实就如同两个多公司集团的联盟，其中一个集团以罗-罗公司（与日本航空发动机公司合作）为中心，另一个集团以普惠公司（与MTU公司和菲亚特航空公司合作）为中心。无论是成员企业的特性，还是它们之间的生产和设计活动分工，都反映了两个集团各自在联合研发和生产其他发动机方面的经验水平。

罗-罗公司和普惠公司在决定联手之前，曾合作开展过JT10D项目，但以失败告终。JT10D是一款推力达2.8万磅的高涵道比发动机，原计划装配于波音757。根据这两家公司于1976年签订的协议，普惠公司负责总体项目管理，承担54％的工作，而罗-罗公司、菲亚特航空公司和MTU公司分别负责34％、2％和10％的设计、研发和生产工作。由于总体项目管理主要由普惠公司负责，因此在原始协议中并未规定设立独立的管理结构。据项目参与方表示，JT10D项目持续了不到一年，就于1977年春天"友好地"散伙[①]。

几个因素导致了JT10D项目解散。目前来看，最重要的因素是波音757从150座变为180座。因此，波音757需要一款更大的发动机，额定推力需要达到3.5万磅。新的推力要求削弱了罗-罗公司参与研发JT10D的兴趣，因为该公司正在独立研发可提供3.8万磅推力的RB211-535发动机。为此，罗-罗公司向普惠公司提议对合资企业进行重组，邀请普惠公司作为次要合作伙伴，共同研发和优化适用于波音

[①] 参见 *Aviation Week and Space Technology*，"Rolls Royce Leaves JT10D Turbofan Development Program," May 16，1977，p. 17。

757 的 RB211－535 发动机改型；但普惠公司对此并不感兴趣。此外，也有人认为，由于美国国防部限制普惠公司转移发动机核心技术，导致这一跨大西洋合作项目变得非常复杂[①]。与 CFM56 发动机相比，JT10D 发动机真正实现了联合设计，需要进行更广泛的技术和设计数据交换，因此，对技术转移的限制也更为苛刻。该项目解散后，普惠公司邀请菲亚特航空公司和 MTU 公司作为风险分担分包商研发推力为3.7 万磅的 PW2037 发动机。该款发动机与罗-罗 RB211－535 发动机展开了直接竞争，抢夺波音 757 发动机市场。

在与普惠公司就 JT10D 进行商谈之前，罗-罗公司曾于 20 世纪 70 年代初与日本航空发动机公司合作研发了一款推力为 2 万磅的高涵道比发动机——RJ500。RJ500 的研发是基于日本航空发动机公司此前的 FJR710 发动机。FJR710 是由日本国家航空（Japan National Aeronautics）实验室资助的实验性研发项目。由于日本没有发动机高空模拟试验设施，日本航空发动机公司使用了罗-罗公司的试验设施，这促使双方决定合作研发更大的 RJ500 发动机。尽管 RJ500 发动机的试验型号在 1982 年初成功试车，但飞机制造商并未对该发动机表现出很大的兴趣。RJ500 的目标是为波音 737－300 提供动力，但波音公司偏好能更快投入使用的 CFM56－3 发动机。此外，麦道公司、波音公司和空客公司虽然就未来 150 座级飞机的构型和发动机要求进行了设计讨论，但仍充满了不确定性，这导致英日联合体推迟了确认发动机额定推力的时间[②]。尽管存在不确定因素，但人们逐渐认识到，安装于 150

---

① 参见 J. E. Steiner, "How Decisions Are Made" and David Picker-ell's comments in *Aviation Week and Space Technology*, September 6, 1976, p. 109.

② 1981 年一篇关于 RJ500 项目的文章指出，"英国企业和日本企业无限期推迟了该发动机最终型号的研发，等待 150 座级飞机市场明朗和机体制造商准备开工的信号"，*Aviation Week and Space Technology*, "Anglo-Japanese Engine Go-Ahead Awaits 150-Seat Aircraft Decision," November 2, 1981, p. 26.

座级飞机的发动机，其推力都需要超过 2 万磅，并且为了提高燃油效率，必须采用新的材料和控制技术。面对这些高成本的要求，RJ500 项目的参与方于 1982 年开始探索与 GE 公司或普惠公司建立合作关系的可能性。

V2500 项目中的另一个主要集团是由普惠公司和两家欧洲公司（菲亚特航空公司和 MTU 公司）组成的联盟，普惠公司曾与这两家欧洲公司在 PW2037 发动机的研发和生产上开展过密切合作。20 世纪 70 年代后期，普惠公司"从零开始"着手研发了两款新发动机（PW4000 和 PW2037）。这两款发动机都没有军用型号，也并非此前民用发动机的衍生产品。无论过去还是现在，发动机研发项目的技术和财务负担都巨大，特别是考虑到波音 757 的销售速度缓慢。菲亚特航空公司和 MTU 公司在 PW2037 项目的股权占比分别为 4％和 11％①。菲亚特航空公司负责生产 PW2037 的齿轮箱，而 MTU 公司负责研发发动机后部的低压涡轮部段，这反映了一种新兴的专业化分工模式。

普惠公司这一耗资巨大的研发计划，在很大程度上妨碍了其独立启动的另一个需数十亿美元、推力介于 2 万～2.5 万磅的发动机研发项目。随着空客 A320 的推出，以及麦道公司宣布有意研发 MD‐89，该细分市场的吸引力与日俱增。因此，普惠公司重新与罗‐罗公司进行了谈判。罗‐罗公司的另一个备选合作伙伴是 GE 公司。由于 CFM 国际已经凭借 CFM56 发动机进入了这一细分市场，GE 公司对与罗‐罗公司和日本航空发动机公司合作研发一款竞争型号的兴趣不大。1982 年，分别以罗‐罗公司和普惠公司为核心的两个集团结成联盟，共同研发推

---

① 值得注意的是，鉴于大型发动机细分市场的盈利能力更高，普惠公司 PW4000 项目的合作伙伴占该发动机的份额不超过 11％。

力为 2.5 万磅的全新发动机[1]。

在 V2500 项目上，两个集团中具有技术优势的企业都做出了重大的技术贡献。罗-罗公司和日本航空发动机公司负责制造发动机的前部（低压和高压压气机），并使用了罗-罗公司为 RB211 系列发动机研发的先进风扇叶片制造技术。普惠集团负责制造发动机的后部，并使用了在 PW2037 项目中研发和应用的技术。普惠公司负责研发发动机核心机，而 MTU 公司和菲亚特航空公司分别负责研发和生产低压涡轮和齿轮箱。这两家公司在 PW2037 项目中也负责研发和生产相同零部件。美国和英国都将建立发动机的装配线。国际航空发动机公司负责市场营销、系统集成和项目管理，如果由罗-罗公司或普惠公司主要负责营销，那么极有可能会发生利益冲突，因此由一个独立实体来负责管理和营销十分重要。毕竟，JT10D 项目就是因为联合研发产品与独资产品之间的利益冲突而受到影响[2]。不过，国际航空发动机公司会让最有能力提供产品支持服务的成员企业承担这项工作，很可能就是普惠公司和罗-罗公司。

参与 V2500 项目的外国企业，其所在国家的政府都提供了大量的财政支持。例如，罗-罗公司向英国政府申请了 1.7 亿美元的资金，约为其参与项目成本的 50%，最终获得了约 1.5 亿美元的无息贷款。出售每台发动机获得的特许权使用费将用于偿还贷款。日本联合体在整

---

[1] 普惠集团控制的国际航空发动机公司股权比例正好是 50.1%，普惠公司因此正式获得控股权。

[2] 据报道，"国际航空发动机公司执行副总裁 J. M. S. 基恩（J. M. S. Keen）表示，国际航空发动机公司合作伙伴之间正面临潜在的利益冲突。他还表示，例如，如果一家航空公司试图在配备罗-罗公司 RB 211 - 535 发动机的波音 757 和配备国际航空发动机公司 V2500 发动机的 150 座级客机之间做出选择，那么'制造商之间可能会出现明显的利益冲突'。'这是我们认为必须拥有自己的营销组织的原因之一。'基恩说道。"Michael Feazel, "Large Engine Design Costs Dictate Consortium Efforts," *Aviation Week and Space Technology*, June 18, 1984, p. 108.

个项目中所占的份额较小，FJR710 项目启动以来，每年收到的财政拨款为 2 000 万～2 500 万美元，分别占基础研发、试验和生产工装及非经常性启动成本的 75%、66% 和 50%。实现盈利后，日本公司会将日本政府的拨款连本带利支付给日本通产省。其他外国成员企业的类似数据较难获取，但 MTU 公司和菲亚特航空公司在参与 PW2037 项目时获得的政府支持水平，为其在 V2500 项目中获得的支持提供了一个大致参考。1981 年，菲亚特航空公司向意大利政府申请了 2 300 万美元的拨款，用于其参与的 PW2037 项目和其他涡轮技术研究项目①，而 MTU 公司以贷款形式获得了 8 000 万美元的公共资金，相当于其参与 PW2037 项目所产生成本的 50%②。

　　V2500 项目中的技术优势合作伙伴对尽量减少技术转移极为重视。部分原因是美国政府会对普惠公司在联盟中的角色进行审查，以及国防部希望阻止美国企业将高压发动机核心机技术转移给外国企业。而这种担忧在很大程度上反映了成员企业各自的商业利益。为了尽量减少技术转移，V2500 项目强调由成员企业独立研发发动机部件，尽量减少合作伙伴之间的技术数据或专有数据交换③。发动机部件之间的接口已提前经过商讨和设计，在无须深入了解单个部件的内部结构或技术的情况下也可对整台发动机进行装配和试验。与 CFM56 一

---

　　① 参见 *Flight International*，"Fiat Seeks Italian Government R&D for Civil Engines，" October 24，1981，p. 1275。

　　② *Military Technology*，"MTU—German Funding for PW2037 Participation，" July 1982，p. 81。

　　③ "普惠公司和罗-罗公司在成立联合体的早期谈判中都提出了技术转移的问题" 罗-罗公司董事长兼总裁塞缪尔·L. 希金博特（Samuel L. Higginbotto）说道。两家制造商都认为，最终装配过程中将存在最低限度的专有数据交换。希金博特说："我们必须了解这些接口，而这显然会涉及一些数据交换。但我们不会深入研究技术细节……。"一位高级职员表示，将技术拆分与工作分配方式进行匹配的工作量很大。但现在这一工作已经完成，最终装配基本上只是将单独的模块用螺栓连接在一起。Donald E. Fink，"Pratt，Rolls Launch New Turbofan，" *Aviation Week and Space Technology*，Novermber 7，1983，p. 29。

样，V2500 项目在很大程度上依赖于模块化设计和制造。

　　虽然这种组织方式减少了成员企业之间的技术转移，但也导致发动机试验过程中的系统性问题更加难以解决。在 V2500 项目中，为尽量减少技术转移而采取的措施，可能会增加发动机试验的难度，延迟发动机进入市场的时间①。事实上，CFM56 和 JT10D 项目的经验表明，为技术转移设置障碍，可能会造成性能代偿损失。普惠公司和罗-罗公司都希望尽量减少项目内的技术转移，这与其他成员企业期望提高技术和营销能力的愿望相冲突。例如，参与 V2500 项目的日本企业不太可能获得营销、产品支持和研发工程技术方面的大量知识，不足以作为主制造商进入发动机产业②。因此，联合体内部明确界定的狭义分工会给单个企业增加成本，并可能造成系统集成方面的问题。尽管如此，如果单家成员企业能在研发和制造特定部件时（例如，菲亚特航空公司研发齿轮箱）利用其专业技能和技术，则能提高效率。

　　美国司法部对 V2500 项目进行了审查，并于 1983 年 9 月批准了该项目。在美国，没有哪个产业的市场结构能比发动机产业更集中，三家制造商几乎瓜分了全球大型运输发动机市场。在这样的格局下，其中两家制造商还获批成立了合资企业。合资成立国际航空发动机公司的两方联盟之一——罗-罗公司和日本航空发动机公司联盟，共同生产过一款产品，即 RJ500 发动机。这两家公司可凭借该产品独立进入这一发动机细分市场。美国司法部批准成立国际航空发动机公司在一定程度上表明，与仅涉及美国企业的合资项目相比，司法部对美外合资项目

---

　　①　尽管存在这些潜在问题，但迄今为止 V2500 发动机的研发进度略微快于预定进度；发动机整机的初始测试于 1985 年年底开始。V2500 的及时交付对于该发动机与 CFM 推出的 CFM56-5 之间的竞争态势至关重要，而 CFM56-5 将提前 6~8 个月推出。

　　②　"然而，联合体的部分合作伙伴仍然对此专业化参与不满意，因为他们只能获得某一发动机设计领域的专业知识。基恩表示，例如，日本企业未来可能不愿意参加联合体，因为他们想提高发动机整机的设计和生产能力。"Feazel，"Large Engine Design Costs，" p. 108。

的审查程度更低。

V2500项目与本章讨论的其他合资项目在多个方面形成了对比。V2500项目没有明确的技术或财务优势合作伙伴,分别由罗-罗公司和普惠公司领导的分公司集团在资本和技术方面都做出了重大贡献。不过,各个集团中的成员企业在技术和财务上的贡献差异很大。尽管如此,国际航空发动机公司并未采用将合资项目管理委托给一个特设委员会(例如,SF340项目中人员不足的独立公司实体)或委托给具备财务或技术优势的公司(例如,波音767项目,以及GE公司与斯奈克玛公司组建的合资企业)的惯例做法。与这些合资项目不同,国际航空发动机公司拥有大量专门负责管控整体研发和营销的管理人员。正如第4章所述,有充分理由证明,这种结构与空客公司的结构类似。

V2500项目对专业化的重视和对技术转移的阻碍,也使该项目与众不同。不幸的是,无论是要评估这些技术转移壁垒的有效性,还是要就该项目中技术劣势与优势的合作伙伴之间动机冲突的结果给出结论,都还为时尚早。V2500项目中占优势的企业努力建立技术转移壁垒,清楚表明了这些企业的管理层担心不受限制的技术转移会对其竞争力造成长期影响。要实现最佳设计方案需要大量部件集成和试验工作,而技术转移壁垒对此产生的潜在不利影响尚无法确定。但无论如何,技术转移壁垒会让工作开展变得更加困难。

3.6 结论

本章讨论的跨国合资企业只是商用飞机产业中的有限案例。但仅就这些案例而言,也极具多样性,难以简单概括。合资企业的结构,合资企业内的技术转移量,以及美国企业和外国企业作为合资企业成员的相对重要性,都截然不同。这种多样性表明,任何控制或管理合资企业的总体性政策,在执行时都会出现不一致或不适用的效果。尽管如此,在这一系列对比中,可以清晰分辨出与合资企业的管理相关的一些主题。

将合作伙伴联系起来的"黏合剂"性质复杂,并且影响着合资企业的组织和管理。最重要的黏合剂是参与企业之间的技术差异。这种差异为利用技术换取资本或换取市场准入奠定了基础。合资项目的结构差异似乎并不重要,因为占优势的企业通常负责整体管理和总体设计。在技术差异基础上组建的合资企业经营得相当不错,这类合资企业通常由财务实力相当的企业(例如 CFM 国际),或者主制造商与风险分担分包商(例如,767 项目中,还可能包括 V2500 项目中为罗-罗公司和普惠公司提供部件的日本航空发动机公司、菲亚特航空公司和 MTU 公司)组成。

导致技术优势与劣势合作伙伴之间关系紧张的根源,是对于技术转移量的不同看法。迄今为止,合资企业内部的技术转移并未涉及技术优势企业最先进技术中的任何关键环节。换言之,技术转移的质量和数量都不足以让技术劣势企业在合理的时间范围内对技术优势企业构成严重威胁。技术领导者和技术追随者组建的合资企业所呈现出来的这种特征,意味着技术劣势企业想要广泛学习和获取技术的愿望可能无法实现。与有意作为主制造商进入飞机机体或发动机产业,并负责综合管理、设计和系统集成的企业相比,想要培养专业分包能力或稳固自身雇员数量和生产能力的企业,更有可能满足于合资企业内有限的技术转移量。正如第 4 章所述,与波音公司和 V2500 项目内日本参与企业的目标相比,瑞典沃尔沃航空发动机公司、西德 MTU 公司、意大利菲亚特航空公司和意大利飞机制造公司等欧洲企业追求在产业中扮演特定的角色,这些企业的愿望可能更符合合资企业内部技术转移的实际。

由技术实力相当的企业组建的合资企业需要更加注重组织和管理工作。本章中讨论的案例表明，此类合作关系中存在多个困难问题。在 MDF100 项目及萨博-费尔柴尔德合资项目中，解决合作企业之间围绕设计方案的争议，是一个困难又耗时的过程。原因就在于这些合资企业缺乏技术高超且独立的设计人员，设计问题必须上升到合作企业的高层予以解决。V2500 项目的合资企业架构具有很大的优势，在该合资企业中，指派了专门人员负责高级系统集成和整体设计活动，与分包商和供应商等参与企业展开合作。

国际航空发动机公司这样的组织结构，是将系统集成与营销、产品支持管理结合起来，重新建立了必要的联系，而 MDF100 项目和 SF340 项目则切断或大大削弱了这种必要的联系。波音 757 和 767，以及空客 A310 和 A320 等项目的经验表明，机体制造商的营销和设计人员与潜在客户进行紧密沟通，对于成功推出新产品至关重要。在营销、产品支持和设计之间缺乏这种联系的合资企业，可能没法做出适当的设计权衡和决策。

由技术实力相当的企业组建的合资企业存在另一个问题，合资企业正在研发的产品与参与企业独立生产的产品之间可能出现竞争。这个问题在普惠公司与罗-罗公司未能成功开展的 JT10D 项目中表现得尤为突出，并导致了 MDF100 项目的失败。飞机和发动机产品能否相互替代，因客户和市场而异，这反映了融资条件、航线结构和潜在购买者现有机队特征的影响①。因此，在合资企业中，母企业独立生产的产

① 谈到空客公司为空客 A300 开展的营销工作时，空客公司总经理指出，"空客公司董事长伯纳德·拉蒂尔(Bernard Lathiere)最近承认，认为一款飞机只适合某个市场是一种误导。争夺印度航空公司订单的主要竞争对手是波音 737，而在南非市场中则是波音 747。"*Aviation Week and Space Technology*，"Eastern Lease," p. 241。

品与联合研发生产的产品之间始终存在竞争，如果产品营销不是由独立的管理组织负责，那么合作伙伴之间还可能面临利益冲突。这个问题没有简单的解决方案。该问题的普遍存在，反映了该行业的技术动态特性及技术对等企业的先进能力。而该问题的高频发生，也表明将合资企业视为获得财务支持或进入市场的手段，而与技术实力相当的企业组建合资企业并非明智之举。

第 4 章
国家战略

美外合作成立合资企业和建立其他联盟在很大程度上受到政府政策的影响，包括外国政府为其飞机和部件制造商提供研发资金支持，在采购合同中要求提供补偿，以及为公有和私有部门的研究提供财政支持等。同时，商用飞机产业技术环境的变化，例如零部件贸易越来越国际化，以及主制造商日益需要向合作伙伴分摊成本和风险等，都可能促使政府制订新的产业政策。国际技术流动的不断增加，会如何改变其他国家进入商用飞机产业、提升其产业竞争力的难易程度？本章讨论了若干工业化国家（日本和瑞典）和工业化进程中的国家（巴西）支持本国航空产业发展的政策，并对空客公司这一大型商用飞机领域内获得政府支持的最重要的跨国联合体进行了分析。

本章对于外国政府政策的探讨涉及几个主题。首先是赶超（catch-up）战略和保持（keep-up）战略的区别。赶超战略是指利用政策支持技术或生产能力不强的企业进入全球航空产业——政府和企业都看重技术转移和学习。与赶超战略相比，欧洲许多国家更关注保持其飞机和发动机的技术和生产能力。保持战略通常是为了维持生产能力和军用飞机的设计水平，意味着这些国家和企业将采取（与赶超战略相比）截然不同的具体战略举措。

选择赶超还是保持战略，将直接影响政府和企业希望予以支持的技术和能力的形成。本章分析了多个战略案例，这些战略旨在支持企业进军飞机制造业的特定"细分市场"，生产发动机的特定部件或部段。这种战略与支持企业作为主制造商开展或参与设计、系统集成、生产、营销和产品支持活动的战略有所不同。一个国家的国内航空业市场的规模也会影响其政府的战略。如果国内航空市场非常广阔,则政府可以采取进口替代或幼稚产业保护政策,在企业学习和降低成本的最初阶段就给予支持,这样的政策开支虽大,但却可行。如果相对于机体或发动机生产的最小有效规模,国内市场的规模不够,则这种政策的代价就会过高。由于大多数国家的国内市场规模都太小,不足以支持发展本国商用飞机产业,并且不断攀升的研发成本对于长周期生产才更为有利,因此出口或国际合作日益成为国家发展战略的重要组成部分。

本章最后一节对空客公司进行了探讨,分析了空客公司采取的保持和赶超战略"组合拳",这样的战略组合推动了空客的成立并影响了其发展。空客公司参与方之间经常出现的利益冲突严重影响了该公司的发展。这些冲突也让人们对维系这种联合体的动机有了深入的了解。本节对空客联合体结构的研究也为第 3 章中对合资企业组织设计原则的讨论提供了更多的启示。

4.1　日本飞机制造业

日本商用飞机产业的兴起引起了美国国内的广泛关注[①]。第 3 章中关于波音公司和日本企业合作研发和生产波音 767 飞机的讨论,以及对日本参与 V2500 发动机项目的分析都表明,某些讨论中关于日本

[①]　最近一份国会报告中对日本制造业的夸张描述颇具代表性:"日本航空航天工业似乎正准备腾飞。通产省是领导者,通过敦促和哄骗的方式,将日本国内飞机制造业从为美国设计军用飞机装配硬件的技术落后局面发展成了全面发展的独立商用喷气式客机生产商……一旦日本出售自己生产的商用飞机……美国对日本的飞机销量可能会大幅减少,美国制造商将面对另一个主要竞争对手。"U. S. Congress, House Committee in Ways and Means, Subcommittee on Trade, *United States-Japan Trade Report*, 96th Congress, 2nd session (Washington, D. C.: U. S. Government Printing Office, 1980), pp. 44 – 45。

进军大型商用飞机产业的诸多预警是错误的。鉴于商用飞机技术的特点，以及日本和全球商用飞机市场的特点，日本飞机制造业无法复制该国在汽车或钢铁等其他成功出口产业所应用的产业政策模式。此外，日本飞机和发动机企业似乎也不太可能凭借其正在参与的跨国联合体，而迅速获得独立进军全球机体和发动机领域的营销、系统集成和设计能力。

4.1.1　历史与发展

在第二次世界大战的战前和战时，日本飞机制造业规模庞大，技术先进[①]。第二次世界大战后，美国占领军全面摧毁了日本飞机制造业，并且禁止日本生产飞机。朝鲜战争推动了军用飞机维修和服务活动的大规模扩张，美国军方鼓励日本企业积极参与这些领域。在初步重建之后，1952 年美方结束军事占领，实际上解除了禁止日本制造飞机的限制。

1954 年，美国和日本签署《共同防御援助协定》，其中的一个重要条款是允许日本生产美国军用飞机供日本自卫队使用。三菱重工在 20 世纪 50 年代获得许可，开始生产 T‐33 教练机和 F‐86 战斗机，后又许可生产 F‐15 战斗机（日本飞机被称为 F‐15J)[②]。美日联合生产协议促使美国企业将大量生产和技术知识转移给日本主要的飞机制造

[①]　Mowery 和 Rosenberg 对本章讨论的几个主题进行了更详细的分析，参见"Government Policy, Market Structure, and Industrial Development: The Japanese and U. S. Commercial Aircraft Industries, 1945‐85", *U. S.‐Northeast Asia Forum on International Policy*, *Occasional Paper* (Stanford, Calif.: Institute for Strategic and International Studies, 1984)，以及"Competition and Cooperation: The U. S. and Japanese Commercial Aircraft Industries", *California Management Review* 27, no. 4, pp. 70‐82)。

[②]　川崎重工目前根据联合生产协议制造 P‐3C 巡逻机和切努克直升机，而石川岛播磨重工制造为 F‐15 飞机提供动力的普惠喷气发动机。在日本合作生产的其他军用飞机包括 F‐104 和 F‐4 战斗机。

商。但是，由于第 2 章中所述的原因，日本企业的设计能力并没有显著提高，而且战斗机采用的大量技术也不适用于商用飞机①。

日本飞机制造公司（NAMC）成立于 1958 年，是一家由三菱重工、川崎重工、富士重工、昭和飞机和新明和工业组建的联合体。NAMC 承担了战后日本推出的首款商用飞机 YS－11 的研发工作。日本政府为此项目提供了大量资金，并获得 50％的股权②。YS－11 是一款 64 座双发涡桨短程飞机，设计用于短距离起飞和着陆。因此，这款飞机非常适合日本国内市场，日本的航空公司订购了大约 120 架 YS－11。然而，YS－11 的国外销售情况并没有达到预期。NAMC 的销售和营销网络规模不大，而且产品支持能力较弱。在美国和欧洲的通勤航空市场，YS－11 面临来自欧洲飞机的激烈竞争。尽管 YS－11 一共生产了 182 架，其中出口了约 60 架，但是该项目并未实现商业成功。事实证明，日本国内市场规模太小，针对该地区设计的飞机推出后无法盈利。NAMC 于 1982 年解散。

在 20 世纪 60 年代后期和 70 年代初期，主要的日本军用飞机制造商（主要是三菱重工和川崎重工）获得了美国商用飞机制造商更多的分包业务，为波音 737 和 747，以及麦道 DC－9 和 DC－10 生产小型组件和部件。为了加强和拓展日本与外国飞机制造商之间的合作，通产省赞助并扶持了两个日本联合体，即日本商用飞机研发公司（之后变为日

---

① 在美国会计总署一份名为 *U. S. Military Co-production Agreements Assist Japan in Developing Its Civil Aircraft Industry* （Washington, D. C. : U. S. Government Printing Office, 1982）的研究中，对联合生产项目的影响持不乐观态度。当然，由于日本的生产规模较小，同一款飞机（如 F－15）在日本许可生产的成本往往比在美国生产的成本高出 100％，这一事实表明，日本参与这些联合生产协议的一个动机是发展更强大的日本飞机制造业。

② 关于更详细的讨论参见 R. W. Moxon, T. W. Roehl, J. R. Truitt and J. M. Geringer, *Emerging Sources of Foreign Competition in the Commercial Aircraft Manufacturing Industry* （Washington, D. C. : U. S. Department of Transportation, 1985）。

本商用飞机公司和日本飞机研发公司）和日本航空发动机公司。这两个联合体参与了波音 767、7J7 和 V2500 项目。

4.1.2　结构

日本国内商用飞机市场规模较小是解释日本国内产业结构和政府政策制定方向的关键因素。日本定期航班运营商的机队规模不超过定期干线航空公司运营的大型商用飞机总数的 7%～10%。相对于日本的人口数量和收入水平，其他类型飞机的国内市场更加不发达。

日本飞机制造业高度集中。1981 年，三菱重工、川崎重工和石川岛播磨重工生产的飞机和发动机的交付价值分别占总交付价值的 49%、21% 和 21%。这些制造商生产的飞机主要销往国内军用市场。在 20 世纪 70 年代后期和 80 年代，日本军用市场销售额至少占整个飞机制造业销售额的 80%，而对照美国飞机制造业，其总销售额中的军用市场销售额占比仅为 50%～60%。军用市场有利可图，但销售量增长面临着严重制约。这些限制条件源于非正式但根深蒂固的日本武器出口禁令，以及非正式但具有约束力的上限要求（即国防支出在国民生产总值中的占比不能超过 1%）。因此，日本飞机制造商产品所占市场份额的任何增长一定是来自商用飞机市场的扩张。

在同等的企业规模下，日本主要飞机制造商的研发支出远少于美国飞机制造商。美国主要飞机制造商的自费研发支出占其销售额的 4%～5%，而日本企业通常不超过 2%[1]。日本国内企业投资的飞机研究水平较低，政府投入的巨额研究支出并不能解决资金短缺这一问题。事实上，日本飞机制造业的一个关键弱点是缺乏大型先进试验装置和设施[2]。

---

[1]　1983 年 6 月，作者在日本东京对通产省人官员进行了访谈。

[2]　如 V2500 项目讨论中所述，组建 RJ500 发动机合资企业的最初动机来自日本联合体需要利用罗-罗公司的试验设施。当时，日本没有类似的装置。

4.1.3　政府政策

20 世纪 80 年代,日本通产省在其产业结构愿景中,将大型商用飞机产业定位为推动日本经济发展的关键未来产业之一①。根据通产省的分析,该产业具备一个独特吸引力——日本在商用飞机设计和生产方面能力强大,不会像钢铁等行业一样,被韩国或中国台湾地区等亚洲竞争对手在短时间内削弱竞争力。显然,也要从另一面来看,即韩国和中国台湾地区在获得飞机生产和设计技能方面所面临的困难,也可能成为日本从美国或欧洲制造商处获得这些技能的阻碍。

由于日本国内市场较小,因此钢铁、汽车或电子产品等日本出口产业采取的改进版幼稚产业战略并不适用于商用飞机产业。日本通产省和财务省对这些产业所采用的政策框架,历来都是把对产品的市场支持,同对技术发展的支持结合在一起。支持市场需求的政策包括在产业发展早期通过关税或行政规劝手段保护国内市场②。在 20 世纪 50

---

①　"飞机制造业是典型的知识密集型产业,特点是具备高附加值和影响深远的技术溢出效应;该产业将在将日本产业结构重塑为创新型知识密集型的国家计划中发挥重要作用。""目前,日本飞机制造业的规模小于西方先进国家,并且过度依赖国防工业需求;它应该更加关注更具前景的民用运输飞机制造。""现实可行的是由私有部门承担飞机研发项目的最终风险,但目前政府会为项目提供资助,条件是如果项目成功,那么政府须获得一定比例的利润。""希望日本建立一个飞机工程基础研究和发展体系,为制造下一代飞机做好充分准备,迎接 20 世纪 90 年代预期的技术创新。飞机工程的发展涉及高度复杂的技术,必须在政府的倡议和协助下进行。""Ministry of International Trade and Industry, Industrial Structure Council," *The Vision of MITI Policies in the 1980s*（Tokyo: Industrial Bank of Japan, 1980）, pp. 291 - 292。

②　日本经济企划厅经济研究所前所长 Myohei Shinohara 在 *Industrial Growth, Trade, and Dynamic Patterns in the Japanese Economy*（Tokyo: University of Tokyo Press, 1982, pp. 22 - 23）中阐明了日本国内市场作为出口产业启动基础的重要性:日本易于促进出口的一个基本因素是其拥有大约 1 亿人口的巨大国内市场。如果国内市场扩张与扩大出口同步或先于扩大出口,具有较高市场扩张速度的产品将通过大规模生产大幅降低单位成本,从而扩大出口。换句话说,即使国内市场和出口市场的扩张之间的关系可能是短期权衡关系,但事实证明,这种关系是中长期高度互补关系。扩大内需和扩大出口之间的反馈关系促进了日本的高增长。其他市场激励政策工具包括日本电子计算机公司(该公司成立于1962 年,目的是购买和租赁日本公司生产的计算机)以及最近成立的工业机器人租赁公司。

年代和 60 年代，通产省还在以下方面发挥了重要作用：确定引进到日本的外国产业技术；与外国专利持有方进行谈判，从而获得有利的技术使用许可条件；以及最重要的，许可在日本境内自由使用这些技术①。这样做的目的是为全产业内的企业提供一个相对容易获取的技术知识库②。

　　YS-11 飞机的研制经验证明，上述战略应用于商用飞机产业时存在局限性，这些局限性源于日本国内市场规模较小。同时，日本军用飞机市场规模较小，这也限制了军事联合生产对飞机制造业发展的促进作用。波音 767、YXX（现在的波音 7J7）和 V2500 项目反映了幼稚产业战略的不足之处，同时也代表了另一种替代战略。在 YXX 项目中，日本的目标非常明确，即通过与美国及欧洲老牌的飞机和发动机制造商组建合资企业，从而获得从飞机设计、制造到销售所有阶段的专业知识③。

　　在评估日本的飞机制造业产业政策时，一个核心问题是日本政府关注大型商用飞机的原因。通勤飞机市场迅速扩张，对设计和产品的技术与财务要求较低。在公务飞机和通用航空飞机市场，有一家日本企业的两款机型已经能够成功打入外国市场并收获订单，即生产 MU-

---

　　①　在日元实现自由兑换之后，日本资本市场的不完全自由化继续赋予财务省和通产省在与日本主要银行的交易中具有较大的道义劝说权，从而影响投资分配。Leonard Lynn 在 *How Japan Innovates: A Comparison with the U. S. in the Case of Oxygen Steelmaking*（Boulder，Colo.：Westview Press，1982）中详细叙述了通产省参与日本钢铁公司收购基础氧气炉技术的情况。

　　②　通产省最近鼓励国内企业发展产业技术，如支持 VLSI 和计算机技术方面的联合研究项目。这一政策转变反映了日本科技实力不断增强，以及日本购买许可的"现成"产业加工技术的实用性下降。然而，这一新政策的目标依然不变：培育一个全行业的知识库，支持产品研发和制造领域的企业间激烈竞争。冲本（Okimoto）和其他人认为，终身雇佣制和日本工业企业间劳动力流动的其他障碍限制了知识和技术在企业间传播，从而提高了这种政策的重要性。参见 Daniel I. Okimoto，*Pioneer and Pursuer: The Role of the State in the Evolution of the Japanese and American Semiconductor Industries*（Stanford，Calif.：Northeast Asia-United States Forum on International Policy，1983）。

　　③　其他工业化国家断然会对"全日本造"大型商用客机的海外销售设置政治障碍，从而为国际合作创造额外的动力。

2和Diamond 300的三菱重工[①]。尽管如此,所有证据都表明,通产省官员在制定政策时仍然致力于发展大型商用飞机。这反映了通产省负责制定政策的官员和业内人士的观点,即作为竞争武器,技术优势在通用航空、公务飞机和通勤飞机细分市场中的重要性远低于其在大型商用飞机市场中的重要性。根据此观点,通勤飞机的单位盈利能力可能较低,生产中的技术溢出效应不太明显。通用航空飞机和通勤飞机的设计对专业技术知识的需求相对较少,这意味着日本可能会丧失设计和生产这些飞机的技术领先地位[②]。

在合资企业中,日本企业表达了他们希望参与研究、研发、制造和营销各个环节的愿望。日本参与方最初并不打算发展其在发动机和机体特定部件生产方面,或者在专业化设计和试验业务方面的专业能力。尽管如此,如果政府和业内管理人员的近期目标是继续参与未来产品研发制造的联合体,那么专业化的技术和管理能力可能会更加行之有效。波音767和V2500项目的合资企业中具有技术优势的合作伙伴并不支持技术和管理能力的转移,而这些技术和管理能力是日本企业在未来全球商用飞机和发动机产业中成为一个独立竞争对手所必需的能力。事实上,迄今为止,日本企业参与这些合资企业后所涉及的业务是严格受限的,先进技术的转移也极其有限。日本企业参与波音7J7项目所受到的限制相对少一些,但是合资企业的管理层仍然具有十分强烈的动机去限制日本企业仅参与特定领域、限定范围的业务。

目前,日本政府关于商用飞机制造业的政策很少强调为基础航空

---

① 虽然三菱重工已经成功地将这些飞机销往美国和其他外国市场,但过去四年这些产品市场严重萧条对合资企业的财务成功产生了不利影响。三菱重工于1985年12月将其金刚石(Diamond)商用飞机项目出售给了比奇飞机公司。参见 *Aviation Week and Space Technology*,"Beech Acquires Mitsubishi Diamond Program," December 9,1985,p. 26。

② 采访通产省人官员,1983年6月。

研究提供资金。尽管通产省提供的贷款金额高达 V2500 发动机和波音767 项目合资企业设计和研发工作最初阶段成本的 75%，但日本国内向非任务型航空研发工作提供的公共资金非常有限。国家航空航天实验室和日本防务省都不是研究经费的重要来源，而且日本国内发动机和机体试验设施的数量较少，也不太先进。因此，通产省制定的飞机方面的政策与日本此前的赶超战略有相似之处，即侧重于从国外获得产品和生产技术，而不是发展强大的本土研发能力。然而，在大型商用飞机产业和发动机产业，技术更新迭代速度较快，此战略不可能使日本企业掌握领先技术。

4.1.4 总结

日本政府通过合资企业从国外获得技术来发展本国飞机和发动机产业的战略是典型的赶超战略。而在日本产业政策结构中，商用飞机可能是一个转折性的案例。商用飞机产业继续依赖从外国获取技术，但是规模较小的日本国内市场及商用飞机和发动机技术的特点，意味着初期无法在受保护的国内市场使用进口技术。历史上取得成功的日本幼稚产业政策框架并不适用于该产业。因此，国际合资企业可能是日本其他出口产业采用的战略与旨在加强本土技术资源的新政策之间的折中方案。然而，日本企业不太可能通过这种跨国合资企业获得飞机和发动机设计制造所需的一系列技术能力。日本企业独立进军商用飞机或发动机产业的前景渺茫①。

---

① 近期日本飞机制造业政策的变化似乎承认日本企业没有能力在飞机制造业中走独立自主的道路。根据约德的观点，关于建立政府资助商用飞机制造业的法律将修订为"……要求所有政府资助的民用飞机研发项目均吸纳外国合作伙伴"，斯蒂芬·克雷赖德尔·约德(Stephen Kreider Yoder)称："日本正在放弃独自制造飞机的梦想。"(《华尔街日报》，1986 年 2 月 7 日，第 34 页。)然而，约德的说法与最近的迹象相背，即下一代日本军用战斗机可能采用的是日本设计，而不是美国授权生产的飞机。参见 "Japan's New Jet Fighter Will Be Homemade," *Business Week*, November 17, 1986, p. 82.

4.2 巴西：基于巨大国内市场的飞机制造业发展

巴西飞机制造业发展迅速，深入渗透外国军用和商用通勤飞机市场，这与日本飞机制造业形成了有趣的对比。与日本不同，巴西拥有巨大的通勤飞机和通用航空飞机国内市场。日本制定政策的官员和业内高管们对该领域兴趣寡淡，但巴西的企业在这一细分领域取得了巨大的成功。虽然与外国公司组建合资企业对巴西飞机制造业的发展产生了一定的影响，但是实现技术转移的替代机制以及在受保护的国内市场环境中开发自主技术也同样重要，或更为重要①。与日本飞机制造业一样，巴西正采取赶超战略发展其飞机制造业。

4.2.1 产业发展

尽管巴西飞机制造业最近才崭露头角，但它有着悠久的历史。巴西企业最早在20世纪30年代开始制造小型军用和民用飞机。在1969年成立巴西航空工业公司（Empresa Brasileira de Aeronautica, S. A.，以下简称"巴航工业"）之前，巴西曾多次试图发展自主设计制造飞机的能力，但均以失败告终。巴航工业发展迅速，制造了"先驱者号"（Bandeirante）和"巴西利亚号"（Brasilia）通勤飞机；"巨嘴鸟"（Tucano）

① 这一讨论借鉴了莫克森（Moxon）等人最近的报告：*Emerging Sources of Foreign Competition*, Crane and Gilliot（1985）；Ravi Sarathy, "High-Technology Exports from Newly Industrializing Countries: The Brazilian Commuter Aircraft Industry," *California Management Review* 27, 1985, pp. 60 - 84；R. A. Hudson, "The Brazilian Way to Technological Independence: Foreign Joint Ventures and the Aircraft Industry," *InterAmerican Economic Affairs* 37, 1983, pp. 23 - 43）；Jack Baranson, *North-South Technology Transfer*（Mt. Airy, Md., Lomond, 1981），以及 *Technology and Multinationals*（Lexington, Mass.: D. C. Heath, 1978）。

军用教练机，也是农用和通用航空飞机。自 1971 年以来，巴航工业已经生产了 3 200 多架不同机型的飞机，其中出口或根据外国许可生产了 350 多架飞机（主要是"先驱者号"通勤飞机和"巨嘴鸟"军用教练机）。另一个在巴西飞机制造业发展中扮演重要角色的机构是巴西联邦航空技术中心（CTA）。CTA 是巴西陆军于 20 世纪 30 年代后期成立的一家航空研究和教育机构。

巴航工业成立于 1969 年，是一家公私合营企业，其中巴西政府持有 49％的股权。成立巴航工业源自 CTA 的压力，目的是研制一套生产设施来生产 CTA 设计的飞机。促使巴西政府决定向巴航工业提供资源的另一个重要因素是，当时执政的巴西武装部队希望减少巴西一直以来对美国军事装备的依赖，以应对 1964 年巴西军事政变后美国政府对向巴西提供军事援助和军售项目的限制。巴航工业的成立是巴西努力发展武器产业的举措之一（除了飞机之外，武器产业中的军用野外运输机和兵员运输车领域发展迅猛）。

目前，巴航工业的产品线包括好几款商用飞机，其中最著名的是"先驱者号"通勤飞机。该款飞机是舱内不增压的通勤飞机，基于 CTA 的设计方案，可搭载 19 名乘客。1973 年至 1983 年期间，巴航工业共生产了 400 多架"先驱者号"飞机，其中出口了 225 架。巴西军方是"先驱者号"通勤飞机的最初客户，订购数量占巴西国内订单量的一半以上。"先驱者号"通勤飞机的国产化率约为 60％。巴航工业于 1974 年获得派珀公司许可，从 1979 年开始生产小型单发和双发飞机。这些飞机产量达到 2 000 多架，全部用于巴西国内市场。巴航工业生产的另外两款飞机——"新谷号"（Xingu）和"巴西利亚号"（Brasilia），是"先驱者号"通勤飞机的衍生机型。"新谷号"是一款舱内增压的公务机，于 1977 年开始生产。虽然法国武装部队订购了 41 架"新谷号"飞机，但是该款飞机依然没有获得商业成功，并于 1984 年停产。"巴西利亚号"飞机也是一款舱内增压的飞机,于 1985 年开始生产,其尺寸远大于"先驱者号"飞机(30 座级)。这两款飞机采用了许多相同的部件。

巴航工业还生产军用飞机。1983 年,巴航工业为巴西空军研发了"巨嘴鸟"军用教练机。随后,巴航工业获得了巴西、埃及和洪都拉斯空军 100 多架"巨嘴鸟"飞机订单,并授权许可英国肖特兄弟公司生产英国皇家空军订购的另外 130 架飞机。1971 年,巴航工业在获得意大利飞机制造商马基(Aermacchi)公司的许可之后,开始生产"侠万号"(Xavante)轻型战斗机和教练机。该款飞机共生产了 180 多架,并于 1981 年停产。目前,马基公司、意大利飞机制造公司和巴航工业建立了平等的合作伙伴关系,共同研发 AMX 战斗机,并已获得巴西和意大利空军订单。

4.2.2　国际技术流动与巴西飞机制造业

巴西飞机制造业渗透美国通勤飞机和英国军用飞机等先进工业化国家的市场表明,巴西企业已经掌握了多种类型飞机的设计和制造能力。全球飞机制造业的竞争和技术环境对巴西飞机制造业的快速发展造成了何种影响?

国际技术流动对于巴西飞机制造业的发展至关重要。但这种流动与日本或瑞典飞机制造业的国际技术流动截然不同。特别是,巴西企业和外国企业组建飞机设计和研发的合资企业,并未领先于自主技术的研发,而是追随自主技术的发展。在巴航工业研发"巨嘴鸟"军用教练机之后,才与马基公司合作设计研发 AMX 飞机。巴航工业早期生产的民用飞机产品(包括"先驱者号"通勤飞机)均为自主设计。

在向巴西企业进行技术转移时,军事联合生产和民用飞机设计许可比合资企业更为重要。根据与马基公司签订的"侠万号"飞机生产许可协议,巴西可在协议有效期内承担更多制造和组装(不包括设计)活动。作为巴西购买 F-5 战斗机的条件之一，巴西与诺斯罗普公司谈判达成了补偿协议。根据协议，诺斯罗普公司需要向巴西转移重要的金属黏合技术。1974 年，巴航工业和派珀公司签署生产许可协议，授权巴航工业生产派珀公司各款通用航空飞机，同时转移大量设计数据和生产技术①。

这三份特许和补偿协议均没有转移巴西企业独立进军飞机制造业所需的工程和设计技能。由于不涉及产品设计和研发活动，因此这些协议与军事联合生产协议类似，并未明显推动巴西飞机制造业的发展。更何况，派珀公司和巴航工业之间的协议是在巴航工业制出"先驱者号"通勤飞机后才签署的。理查德·W. 莫克森（Richard W. Moxon）、丹尼尔·M. 克兰（Daniel M. Crane）和安托万·吉利奥（Antoine Gilliot）等人都认为，派珀公司和巴航工业之间的协议是巴西企业寻求快速发展通用航空飞机的一种手段，以此减少巴西使用外汇储备进口大量通用航空飞机的需求。换言之，巴西已经具备了此类飞机的设计、研发和生产能力，获得许可只是为了加快推出巴西制造飞机的步伐。

在没有通过合资企业实现技术转移的情况下，巴西飞机制造业是如何形成关键的设计和系统集成能力的呢？首先，巴西政府的政策强调发展本土技术，主要方式是提供公共研究经费和培训航空工程师。巴西飞机制造业在研发方面的公私合作水平与日本形成鲜明对比。日本主要飞机制造商基本上不参与国家航空航天实验室的研究项目。与美国和日本的同类机构所有不同，CTA 还发挥教育机构的作用，助推巴西提升航空设计和研究能力。CTA 与飞机制造业的互动关系，以及其作为培养航空人才的摇篮，都让 CTA 在巴西飞机制造业的产品研发方面发挥了重

---

① 克兰莱恩和吉利奥认为巴西航空工业公司也通过这一许可协议获得了大量生产技术。巴西政府和美国通用航空飞机制造商之间的谈判，以及巴西发展重要本土技术能力的战略，类似于 Joseph M. Grieco 在 *Between Dependency and Autonomy: India's Experience with the International Computer Industry*（Berkeley，Calif.：University of California Press，1984）中讨论的印度政府关于印度计算机行业的政策。

要作用。其次,巴西国内飞机市场广阔,这是瑞典和日本所不具备的条件。

4.2.3 国内市场的作用

巴西飞机制造业受益于其庞大且受保护的国内市场。20 世纪 70 年代,军方支持研发和采购早期的"先驱者号"通勤飞机,这对于支付研发成本、支持基于运营经验的设计改进及通过学习曲线减少生产成本而言非常重要。此外,巴西政府基本禁止进口巴西飞机的竞争机型。由于巴西幅员辽阔且国内公路网落后,私营领域对通勤飞机需求旺盛,因此,这部分需求主要流向了巴航工业。与日本 YS-11 飞机的历程不同,巴西国内市场巨大,足以消化前期生产的"先驱者号"通勤飞机,这大大促进了飞机随后销往出口市场。由于巴西国内市场广阔且受到保护,以及民用飞机主要销售给军方,因此巴西飞机制造业能够享受日本式赶超产业政策的成果。当国内市场销量有限时(例如"新谷号"飞机),巴航工业生产的飞机就未能在出口市场大获成功。

4.2.4 出口市场

巴航工业产品的出口市场稳步发展。美国国内航空运输放松管制为巴西通勤飞机提供了一个巨大的市场。跻身美国市场之所以困难,有几个方面的原因,其中就包括美国老牌通勤飞机制造商的坚决反对。尽管缺乏直接证据,但是这种反对意见很可能减缓了"先驱者号"通勤飞机获得 FAA 认证的进度[①]。跻身美国市场还需要构建一个大型的

---

① 莫克森等人指出了这种联系。美国公司还指控巴航工业在营销"先驱者号"通勤飞机时采取了掠夺性销售做法,称巴航工业依赖公共补贴信贷为飞机销售提供宽松融资。然而,美国国际贸易委员会对巴航工业进行的广泛调查得出的结论是,仅由于巴航工业提供了宽松财务条件,因此美国没有订购"先驱者号"通勤飞机,并驳回了美国飞机制造业的申请。参见 U. S. International Trade Commission, *Certain Commuter Aircraft from Brazil*, publication #1291 (Washington, D. C.: U. S. International Trade Commission, 1982)。

美国服务和产品支持网络。随着"巴西利亚号"飞机投入市场，（占据通勤飞机市场的）巴航工业，更像是采取了类似大型商用飞机制造商的产品战略。目前，巴航工业专注于研发通勤飞机"系列产品"，从而提高这一系列飞机中每款机型对航空公司的吸引力。最后，巴航工业在全球民用和军用飞机市场的产品战略得益于发展中国家市场的迅速增长。在这些国家，坚固耐用和维护成本低的飞机具有相当高的实用价值。

4.2.5 总结

尽管巴航工业的发展令人瞩目，但潜在问题仍然存在。"巴西利亚号"飞机延期投入市场，直接面临来自萨博-费尔柴尔德公司 SF340 和德哈维兰公司冲-8 等机型的激烈竞争。此外，巴西飞机制造业的发展很大程度上受限于巴航工业的发展。巴西发动机和零部件产业的发展不太引人注目。在发动机领域，没有一家巴西企业的系统设计和集成或者产品支持能力可以与巴航工业在机体方面的能力相提并论。另一家国有企业塞尔玛（Celma）公司正在逐步扩展发动机维护和大修方面的业务，并已开始生产发动机部件。但在可预见的未来，巴西在发动机市场的参与度可能非常有限。

由于巴西的航空发动机市场相对不受保护，巴西飞机机体和发动机产业的发展形成了鲜明对比。巴航工业"先驱者号"通勤飞机的非国产比例高的原因之一，就是该款飞机配备的是加拿大或美国制造的发动机，而不是巴西制造的发动机。巴航工业飞机上使用的许多其他部件也是外国制造的，例如航电设备和飞行管理系统，这进一步缩小了巴西此类产品制造商的市场。巴西飞机制造业的发展得益于全球飞机制造业结构的不断变化，因为巴西能够从外国采购先进的系统，用于巴西设计的飞机。技术转移对于巴西飞机制造业而言至关重要，但是技术转移的水平一直参差不齐，对此巴西主要采用的是"嵌入式"的形式。巴西公司主要通过购买先进部件来实现先进技术的转移。

巴西飞机制造业的发展表明,组建合资企业在转移进军飞机制造业所需的技术和设计能力方面只能发挥有限的作用。如果不是与派珀公司、马基公司和诺斯罗普公司签订了许可和补偿协议,并且同步大力发展自主研究和工程教育的项目,那么巴西飞机制造业可能不会像如今这般成功。当代飞机制造业的技术环境为通过联合生产和许可协议获得生产和管理经验提供了许多机会,飞机部件和发动机产业的自由贸易机制提供了大量"嵌入式"的技术转移。然而,关键技术和系统集成能力的发展需要对自主研究和培训资源进行投资。巴西飞机制造业的发展还得益于 20 世纪 60 年代后期和 70 年代巴西的特殊政治环境及庞大的国内市场。因此,通过组建合资企业、许可或联合生产进行技术转移似乎是发展一国飞机制造业的必要非充分条件。

4.3 瑞典:保持战略和小规模国内市场

瑞典实施的飞机制造业发展战略与日本和巴西的战略有所不同。瑞典拥有技术更加成熟、更加先进的机体制造商(萨博-斯堪尼亚公司)和发动机制造商(沃尔沃航空发动机公司),主要生产军用产品。面对不断变化的军用飞机和发动机市场,瑞典企业希望通过组建合资企业来维持其就业率和技术能力。尽管瑞典这一案例在许多方面都有它的独特性,但是其面临的问题与其他欧洲国家飞机制造业面临的问题类似,即成本攀升和市场萎缩迫使这些公司组建合资企业。空客公司就是一个例子,本章稍后将进行详细探讨。

4.3.1　20 世纪 30 年代至 70 年代瑞典飞机制造业的发展

瑞典在二战时期持中立立场①，朝鲜战争时期笼罩在波罗的海的冷战紧张局势加剧，这些都深刻影响了瑞典飞机制造业。为了响应 1936 年瑞典政府重整军备的决定，瑞典开始发展飞机制造业。政府和企业的决策者都一致同意指定一家企业作为军用飞机发动机制造商，另一家企业生产军用飞机机体。发动机由沃尔沃航空发动机公司负责生产，该公司自 1930 年以来一直按照外国企业的许可生产发动机。1937 年，瓦伦堡集团旗下一家企业的飞机部门独立成为一家新公司——萨博公司（最初全称为 Svenska Aeroplan Aktiebolaget，即瑞典飞机公司），并开始着手生产飞机机体。二战爆发之前，瑞典一边试图从国外制造商处订购更多的军用飞机，一边也在进行紧张的谈判，争取更多的授权许可，在瑞典国内生产外国设计的飞机和发动机。

然而，随着国际紧张局势的加剧，从欧洲和美国的大型制造商手中购买军用飞机或者获得生产许可变得更加困难，1939 年瑞典空军实力仍然羸弱②。在紧张局势下无法迅速重整军备，促使瑞典政府于 1942 年决定依靠本国企业开展飞机设计和生产。随后，瑞典取得了显著的进展，发展并拥有了世界一流的飞机制造水平和产业链，这也要得益于第二次世界大战后许多德国飞机工程师移民瑞典。截至 1948 年底，萨博公司（自 1969 年起改名为萨博-斯堪尼亚公司）生产了 1 000 架飞机，

---

①　如英格玛·多弗费尔（Ingemar Dorfer）所述："奥斯陆是瑞典的珍珠港。当恩格尔布雷希特将军的第 163 国防军步兵师于 1940 年 4 月 9 日上午接管奥斯陆机场时，瑞典政治家惊恐万分，难以忘怀。"关于瑞典飞机制造业的讨论借鉴了多弗费尔的研究 System 37 Viggen: Arms, Technology and the Domestication of Glory（Oslo: Universitetsforlaget, 1973），p. 27，以及 Ulf Olsson, The Creation of a Modern Arms Industry: Sweden, 1939 - 1974（Gothenburg: Institute of Economic History, Gothenburg University, 1977）。

②　多弗费尔估计，1938 年，瑞典的全部作战军用航空机队由 90 架飞机组成，同上，第 48 页。

其中仅 204 架为外国设计机体的瑞典版本,其余均为瑞典自主设计。瑞典在 1948 年推出了喷气式战斗机①。虽然第二次世界大战期间和战后的瑞典飞机机体绝大多数是自主设计,但是发动机生产仍然依赖外国技术许可。

第二次世界大战后,萨博公司的纯军用产品线面临市场萎缩的局面,并开始研发和生产"斯堪尼亚"(Scandia)双发商用飞机,在 1948 年至 1950 年间共生产了 18 架。随着 1950 年朝鲜战争的爆发,萨博公司停止了"斯堪尼亚"飞机的生产,也停止涉足商用飞机相关业务。这场战争引发了另一场大规模的重整军备运动,迫使萨博公司将其所有产能投入到军用飞机机体的生产中来。截至 1955 年底,瑞典拥有整个西欧最大规模的空军,萨博公司和沃尔沃航空发动机公司分别致力于生产瑞典设计的飞机机体,以及许可生产外国发动机。萨博公司生产的战斗机和攻击机均采用了成熟的机体设计,它们包括 1960 年推出的"龙式"(Draken)战斗机,1971 年推出的"雷式"(Viggen)战斗机,以及 1992 年推出的"鹰狮"(Gripen)战斗机。沃尔沃航空发动机公司也擅长将外国民用发动机进行改装以供军用,积累了加力燃烧室和先进发动机技术方面的专业知识②。

4.3.2　20 世纪 70 年代至 80 年代的多元化发展

这两家瑞典航空制造企业的母公司均是大型企业,但是以全球标

---

①　萨博公司于 1949 年开始生产汽车。1969 年斯堪尼亚公司和萨博公司合并后,开始生产萨博-斯堪尼亚卡车,公司也更名为萨博-斯堪尼亚公司。为了便于说明,在本章中,该公司偶尔被称为萨博公司。

②　"雷式"超声速战斗机采用的 RM8 发动机展示了沃尔沃航空发动机公司改装外国发动机的能力。RM8 发动机是普惠公司 JT8D 民用亚声速发动机的改型。在装备了沃尔沃航空发动机公司生产的加力燃烧室和进行其他改装后,RM8 发动机能够以超声速运转飞行,推力可达到 28 000 磅,远超 JT8D 发动机在商业应用中的 1.8 万～1.9 万磅额定推力。瑞典对外国发动机设计的军事应用还要求强化发动机的前端,从而可以承受空中鸟撞带来的冲击。

准来看,这些母公司的飞机部门规模其实都很小。瑞典飞机机体和发动机生产领域的总就业人数不到美国最大商用飞机制造商(波音公司)员工人数的 30%。1984 年,萨博-斯堪尼亚公司员工总数为 6 165 名,少于 1965 年的 7 700 名和 1968 年的 7 200 名。1984 年,沃尔沃航空发动机公司员工人数为 3 326 名,超过了 20 世纪 60 年代后期的 2 000 多名。从全球范围来看,瑞典国内的商用飞机市场规模也较小。与日本飞机制造业情况类似,如果不能大量出口,则瑞典商用飞机机体和发动机产品难以实现商业成功。但是,与日本飞机制造业不同的是,瑞典企业能够设计制造先进的飞机机体,以及对外国生产的发动机进行复杂的改装。

从 1950 年到 1975 年,沃尔沃航空发动机公司和萨博公司完全专注于军用飞机机体和发动机的设计、改装和生产。两家制造商在瑞典军品市场面临越来越大的困难,主要原因如下。首先,来自欧洲其他供应商的竞争加剧,以及一些国家政府对其军品市场的保护日益加强,加之瑞典政府对军事装备出口的管控更加严格,导致军品出口市场不断萎缩。其次,不仅出口市场的规模和重要性日益下降,国内军品市场也面临着相同的境遇。瑞典军用飞机采购项目规模变小,反映出萨博公司和沃尔沃航空发动机公司生产产品的单位成本不断上涨,以及军用项目和其他项目对公共资金的争夺日益激烈。

随着军品市场增长放缓,沃尔沃航空发动机公司和萨博公司对设计和研发周期的管理,包括在研发阶段加大人力和资本投入,随后在生产阶段逐渐减少这些投入,变得更为困难。这两家公司如果想要充分利用为满足瑞典军方要求而建立的生产设施、工程和生产人员,就需要开拓替代市场,即商用飞机市场。

从 20 世纪 70 年代后期开始,沃尔沃航空发动机公司拓展了针对欧洲发动机制造商的分包业务,包括罗-罗公司和 MTU 公司。此外,该公司于 1980 年与 GE 公司达成协议,将作为风险分担和收益共享合作伙伴(占股 10%)参与 CF6 - 80 发动机(用于波音 767 和空客 A310)的制造。在 CF6 - 80 发动机生产团队中(还包括斯奈克玛公司),沃尔沃航空发动机公司的主要任务是生产涡轮和压气机的叶盘、发动机的机架和外壳,并负责一些先进设计的研发工作。沃尔沃航空发动机公司是 CF6 - 80 发动机上述部件的唯一供应商。

除了与 GE 公司合作生产商用发动机,沃尔沃航空发动机公司还负责"鹰狮"战斗机所配备发动机(RM12)的主体生产工作。该款发动机是 GE 公司 F404 发动机的改进型。沃尔沃航空发动机公司负责生产 RM12 发动机 50%的部件,同时还是 F404 发动机所有型号的 20%部件的唯一外国供应商。沃尔沃航空发动机公司还凭借其在热涂层方面的专业知识,与盖瑞特公司(Garrett Corporation)合作生产了几款小型喷气发动机,其中沃尔沃航空发动机公司的风险资本和利润份额为 15%～30%。此外,沃尔沃航空发动机公司正在与普惠公司合作,生产 JT8D - 200 系列发动机部件,在合作中占股 9%。沃尔沃航空发动机公司的新业务一直盈利(1984 年净收益增长了 43%),并且这些新业务还为公司发展军品市场以外的多元化业务提供了支持(1984 年,沃尔沃航空发动机公司的军售收入占总收入的比例,在历史上首次低于 50%)。

沃尔沃航空发动机公司以专业化参与的形式加入先进商用发动机合资企业,这一战略使公司实现商业成功,但该公司却不是产品研发类跨国合资企业的重要参与者。事实上,可能除了 CF6 - 80 发动机之外,沃尔沃航空发动机公司在民用发动机领域参与的所有合资项目几乎都不涉及新产品研发,公司现有的合资企业主要开展成熟产品的部件生产。沃尔沃航空发动机公司正在投资发展专业能力,特别是先进设计、分析和试验技术,这些将帮助公司作为风险分担合作伙伴参与未来的发动机研发类合资企业项目。然而,公司在专业化这条路上可能走得太远了,尽管发展专业技术能力有助于其参与未来的合资企业项目,但是保持广泛的设计和制造能力对于发展这些专业的研发能力以及支持公司现有军用产品的技术能力也是必不可少的①。

沃尔沃航空发动机公司主要关注的是维持其生产工程师团队和专业技术能力,相比之下,萨博-斯堪尼亚公司的战略是保持设计和系统集成能力,这是作为军用和商用飞机主制造商所需的能力。分包业务不足以支持萨博公司实现该战略目标,它必须成为主制造商,参与设计、生产、营销和支持的所有阶段,而其战略核心是与费尔柴尔德公司组建合资企业生产 SF340。这与沃尔沃航空发动机公司的战略形成鲜明对比,因为萨博公司负担不起专业化参与产品研发类合资企业的高昂成本。第 3 章中关于 SF340 合资企业的讨论,清楚阐明了萨博公司推行以主制造商身份参与合资企业的这一战略所面临的风险,在费尔柴尔德公司退出该合资企业后,这些风险还有所增加。然而,萨博公司与麦道公司和波音公司组建了合资企业,这表明该公司意在大型商用飞机合资企业中发挥专业化作用,与其通勤飞机业务相互补充②。尽管如此,在波音 7J7 合资企业中,萨博公司仅会派出设计人员,用不上其在 SF340 项目中建立的全球营销和产品支持网络,波音 7J7 项目也无法帮助该公司维持系统集成和项目管理能力。

---

① 根据瑞典空军使用的先进飞机和发动机的售后服务要求,沃尔沃航空发动机公司和萨博公司均需要保持先进和广泛的技术能力。西蒙·比维斯(Simon Beavis)认为,影响瑞典军方认可"鹰狮"战斗机设计和生产的一个关键因素(而非购买外国飞机)是需要保留萨博公司和沃尔沃公司的能力,从而在 2000 年之前为"龙式"和"雷式"战斗机提供产品支持。参见 Simon Beavis, "JAS 39: Sweden Forges Ahead," *Flight International*, May 25, 1985, pp. 41 - 44。

② 关于萨博-斯堪尼亚公司参与波音和麦道公司项目的描述,参见 Brown(1986)和 *Aviation Week and Space Technology*, "News Digest," February 24, 1986, p. 31。预计萨博-斯堪尼亚公司在这两个研发项目中所持份额较少,不超过 10%。

4.3.3　政府政策

尽管萨博-斯堪尼亚公司和沃尔沃航空发动机公司对于瑞典保持独立的军用飞机设计和生产能力而言至关重要,但是瑞典政府并没有对这些企业采取特别的干预政策。瑞典的军用飞机采购流程强调研发和生产的规律周期,以提高沃尔沃航空发动机公司和萨博-斯堪尼亚公司市场的稳定性,对研发和生产阶段波动的管理相对简单。实际上,关于继续开展"雷式"和"鹰狮"战斗机生产项目的决定在瑞典是个有争议的政治问题,给项目的未来带来了相当大的不确定性,这些不确定性一直持续到研发阶段。20 世纪 70 年代后期,这些公司深刻感受到了瑞典军用飞机市场的不稳定。当时,作为萨博-斯堪尼亚公司和沃尔沃航空发动机公司迈入 21 世纪后的军用业务支柱,"鹰狮"战斗机项目曾被短暂取消。

瑞典政府以贷款的形式向萨博-斯堪尼亚公司和沃尔沃航空发动机公司提供财政支持,用作商用飞机机体和发动机的研发支出,贷款金额最高可达研发成本的 50%。瑞典航空航天研究所还向一项规模不大的研究项目提供了公共资金支持(金额约为 1 000 万克朗,合计 100 万～150 万美元)。此外,瑞典唯一一家提供航空工程高级培训的高等教育机构——瑞典皇家理工学院,其航空工程和设计培训项目也获得了公共资金支持。

4.3.4　总结

在全球飞机制造业中,瑞典机体和发动机制造商主要采取保持战略,而不是赶超战略。面对逐渐衰落的军品市场,沃尔沃航空发动机公司和萨博-斯堪尼亚公司都别无选择,只有发展多元化的商用产品,才能保持适用于军用飞机的技术和生产能力。鉴于独立跻身全球商用飞机市场的成本高昂且风险较大，两家制造商均选择通过组建合资企业实现业务多元化。但沃尔沃航空发动机公司和萨博-斯堪尼亚公司选择的具体合作策略截然不同，反映出两家制造商在技术能力以及在瑞典飞机制造业中所发挥作用的历史性差异。沃尔沃航空发动机公司发展高度专业化的技术技能，而萨博-斯堪尼亚公司则试图以系统集成商和设计方的身份进军商用飞机制造业。萨博公司与波音公司和麦道公司的最新合作项目表明，萨博公司还可能在大型飞机研发项目中投入专业能力。

两家制造商的战略前景均面临不确定性。萨博-费尔柴尔德合资企业因费尔柴尔德公司的退出而解散，萨博公司还需要承担 SF340 项目更多的费用。萨博公司的长期发展不能仅依赖于 SF340 项目，如果想要继续发展商用飞机业务，就必须研发其他飞机，或作为主要风险分担合作伙伴参与大型商用飞机的研发。预计萨博公司在大型商用飞机研发项目中的专业化参与，尚不足以支持其保持总体设计和系统集成的能力，而如果选择独立研发（类似 SF340 项目），则又会带来更高的风险。

日本官员和业界管理人员认为，通勤飞机市场竞争所需的技术复杂度水平不够，从这一点上，也预示了萨博-斯堪尼亚公司的战略面临的潜在风险。一方面，该公司的 SF340 飞机面临来自技术不太先进但价格更便宜的产品的竞争。另一方面，设计和制造通勤飞机也许能维持住公司员工的就业岗位，但是，这类产品的技术要求较低，无法支持萨博公司维持住高性能战斗机的设计和制造能力。

沃尔沃航空发动机公司的战略也面临风险，尽管风险可能低于萨博-斯堪尼亚公司。虽然沃尔沃航空发动机公司已经加入了几家生产成熟发动机产品的跨国联合体，但该公司尚未在任何一个商用发动机研发项目中占据主要地位。因此，沃尔沃航空发动机公司可能无法长久保持其对日本航空发动机公司等潜在竞争对手的技术优势,未来该公司参与联合体可能会受到质疑。此外,与斯奈克玛和 GE 公司,或菲亚特航空公司、MTU 和普惠公司不同,沃尔沃航空发动机公司迄今为止一直避免与任何一家发动机制造商达成长期协议。虽然这种战略确保了沃尔沃航空发动机公司能够最大限度地提高其短期灵活性和盈利能力,但是削弱了其长期技术发展的前景。

往好了说,瑞典保留独立军用飞机设计和研发能力的前景尚不明朗。尽管瑞典可能生产下一代"鹰狮"战斗机,但是,出于独立研发和设计的成本的考虑可能会阻碍这款飞机采用全瑞典设计。事实上,以RM12 发动机为例,瑞典自给自足的能力已有所下降,仅 50% 的部件由瑞典生产。"鹰狮"战斗机机体的设计和制造也利用了国外的工程资源。"鹰狮"战斗机的机翼由萨博-斯堪尼亚公司和英国宇航公司联合设计,其中英国宇航公司负责生产前两架飞机的机翼。就发动机而言,"鹰狮"战斗机对美国产品的依赖有所加强,这反映出美国限制在国外生产某些发动机部件,例如控制部件。尽管如此,在没有其他政策变化的情况下,比如放松出口管制,未来瑞典军用飞机研发项目可能交给由萨博-斯堪尼亚公司、沃尔沃航空发动机公司和外国公司组建的跨国合资企业负责。

4.4 空客公司:各国领先企业组成的合资企业

空客公司是商用飞机制造业中存续时间最久的合资企业之一。空客公司历史长久,意味着其企业架构和管理会对其他合资企业管理产生一定影响。然而,这些影响不应被过度夸大。空客公司本质上仍然是一家由政府组建,或者说由几家主要被政府控制的企业组建的联合体,以其为例可以分析政府如何制定飞机制造业方面的政策。空中客车同时采用了赶超和保持战略,由于主要参与方的目标和技术能力存在差异,需要在一家合资企业内部将这两种战略结合起来,这有时是企业的力量源泉,有时却又是企业内部的致命弱点。

分析空客公司发展和融资情况的文章随处可见①。因此,本书仅选择对该联合体的几个方面进行讨论,聚焦于该公司发展过程中的部分主题,这些主题能够说明不同国家的参与方不断变化的目标之间的紧张关系。本节首先对空客公司的历史进行简要描述,然后评估空客公司对合资企业组织和管理的影响。

4.4.1 1966 年至 1986 年,空客公司发展的四个阶段

空中客车联合体的发展历史可以分为四个阶段。第一阶段——1966 年至 1969 年,英国、法国和西德均参与了设计讨论。英国退出后,三方联合的构想随之瓦解。第二阶段——1969 年至 1975 年,法国和西德成为主要参与方,成功推出了空客 A300B。第三阶段——1975 年至 1979 年,法国参与方非常认真地考虑是否要退出空客公司,从而寻求其他合资机会。随后,法国和其他外国企业进行了一系列谈判,其中涉及与美国企业合作开展产品研发和制造。第四阶段——1979 年至 1986 年,随着英国的重新加入,空客公司完成组建,该联合体的产品线得到了持续的优化和扩展。

贯穿上述历史的一个核心矛盾是,英国和法国政府均将空客公司

① 参见 Mark A. Lorell, *Multinational Development of Large Aircraft: The European Experience* (Santa Monica, Calif.: The Rand Corporation, 1980); Michael Yoshino, "Global Competition in a Salient High-Technology Industry: The Case of Commercial Aircraft," presented at the Harvard Business School 75th Anniversary Colloquium, 1984; John Newhouse, *The Sporty Game* (New York: Knopf, 1983)以及行业刊物。

作为两国飞机制造业实施保持战略的基础。英法飞机制造业技术成熟且成绩斐然,例如英国生产了首款喷气式客机。然而,到了 20 世纪 60 年代,两国的飞机制造业均面临着与瑞典飞机制造业相似的局面。国内军用和民用飞机市场规模太小,无法支持独立的产品研发和制造,而来自美国军用和商用飞机制造商的竞争,以及美国和苏联对第三世界潜在军用飞机购买方的"捆绑"军事援助,都缩减了军用飞机出口市场。

到 20 世纪 60 年代,参与飞机研发或生产联合体已成为欧洲工业化国家公共政策的主要关注点。通过企业国有化、政府干预支持和强制合并,以及补贴私营企业开展飞机和发动机研发项目等方式,欧洲国家政府参与飞机制造商经营活动的程度越来越高。法国与英国领先的发动机和机体制造商(法国的斯奈克玛公司、法国宇航公司和英国的罗-罗公司、英国宇航公司)之间的冲突,打断了空客联合体的发展历史。不仅两国的产业政策存在冲突,本国的发动机和机体制造商之间也存在冲突。例如,在整个 20 世纪 70 年代,罗-罗公司主要对与美国飞机机体制造商,尤其是与波音公司的合作感兴趣,而英国宇航公司则逐渐成为空客的支持者。特别是在波音公司和空客公司制造竞争机型的情况下,两家英国企业面临直接利益冲突,需要两家企业、英国政府和欧洲各国政府之间进行复杂的谈判①。同样,在 20 世纪 70 年代,斯奈克玛公司的财务和技术前景与 GE 公司的 CFM56 发动机项目紧密相连,然而法国宇航公司首先关注的是空客公司。

1966 年,西德、法国和英国政府开始讨论设计和制造一款宽体飞机。法国和西德政府此前合作生产过若干军事武器系统,英国是新加

---

① 英国宇航公司决定于 1978 年重新加入空客公司就是一个典型的例子,因为英国航空同时决定购买配备罗-罗发动机的波音 757 飞机,而不是空客 A300 或空客 A310,这激怒了空客公司的其他参与者。此事引起了英国宇航公司的关注,担心参与空客公司的政府会阻止英国企业重新加入,并要求英国首相作为英国企业之间的仲裁人以及与其他欧洲政府谈判的外交官对谈判进行干预。

入的成员。在此之前,英国政府取消了许多对军用和民用飞机项目的资助。英国和法国政府将合资企业视为维持其各自飞机制造业发展的一种手段,对于西德来说,加入空客联合体是其重建飞机制造业的良机。二战期间,德国飞机制造业被重创,此时尚处于垂死挣扎的状态。

根据 1967 年三国政府达成的协议,英国和法国各持有合资企业37.5% 的股份,西德持有 25% 的股份。作为对与英国谈判的让步,法国同意罗-罗公司研发一款新发动机(RB207)来为飞机提供动力①。在空客联合体的发动机研发项目中,英国占比 75%,西德和法国均占比12.5%。作为法国同意研发一款全新发动机,而不是采用普惠公司JT9D 发动机或 GE 公司 CF6 - 50 发动机的交换条件,法国将负责飞机的总体设计及机体总装。联合体的合作伙伴们还一致同意,空客公司生产的飞机应尽可能采用欧洲企业生产的部件。

在空客项目的早期阶段,英国和法国公司提出的设计方案并不满足英法德三国的国家航空公司的要求(载客量从最初的 250 名扩大到300~350 名,远高于英国、法国或西德的国家航空公司的期望水平),并且成本远高于最初预算。到 1967 年年底,由于各成员企业和各国家航空公司之间的目标存在冲突,因此所设计的飞机几乎无人问津。同时,由于罗-罗公司对于研发洛克希德公司 L - 1011 配备的发动机(RB211)更感兴趣,并且无法同时为两个项目提供资金和人员,因此罗-罗公司放弃研发 RB207 发动机,导致空客项目在早期阶段就告吹。罗-罗公司对于空中客车项目失去兴趣,致使该项目对英国政府的吸引力也随之下降(作为英国宇航公司的前身,英国飞机公司拒绝将机体设

---

① 空客公司选择使用 RB207 发动机,不是因为它在经济、商业或技术上是最佳选择,而是因为选择使用 RB207 发动机是英国企业重新加入空客联合体的先决条件(Lorell, *Multinational Development*, p. 53)。海沃德(Hayward)认为,这一决定反映了英国政府自 1964 年以来的一贯政策,即在国际合作协议中,罗-罗公司优先于英国飞机公司。参见 Hayward, *Government and British Civil Aerospace*, pp. 80 - 81。

计主导权让渡给法国），1969 年英国退出了该联合体。

英国退出后，空客联合体的设计理念和正式组织结构进行了大范围调整。西德和法国最初试图在双边合作的基础上继续研发这款飞机（现称为空客 A300B）。西班牙和荷兰政府很快加入项目成了合作伙伴。截至 1971 年底，荷兰福克公司提供了 6.6% 的研发资金，西班牙 CASA 提供了 4.2% 的研发资金。法国和西德各承担了 44.6% 的研发成本。尽管英国政府不再正式参与项目，也不再提供资助，但是英国霍克西德利飞机公司（当时是一家私有企业，现并入英国宇航公司）继续作为风险分担分包商参与空客项目，负责设计和制造空客 A300B 的机翼。

1969 年空客联合体解散后，参与方的动机和设计理念又发生了变化。在 1969 年之前，法国和英国均希望利用该合资企业实施各自的保持战略，支持发展本国飞机、发动机和零部件产业。双方的这种想法影响（或阻碍）了空客联合体的发展。英国退出后，技术上旗鼓相当的英法企业在空客项目内的紧张局面一去不复返，取而代之的是法国和西德之间技术实力悬殊。重组后的空客合资企业之所以具有凝聚力，是因为西德政府希望通过追赶政策参与空客项目，使本国飞机制造业与更加先进的法国飞机制造业合作。因此，西德政府最初愿意承担空客项目的大部分成本，从而换取适度参与设计和生产，主要包括组装和制造机身的几个部段①。

主要参与方的动机转变也反映在空客联合体重组后的设计理念中。该联合体放弃了此前最大限度地采用欧洲生产部件的目标，并且

---

①　关于 20 世纪 80 年代初西德参与空客 A320 项目谈判的一篇报道指出："西德航空航天领导人在征询意见后达成共识，即不会像 10 年前或更久以前启动初始空客 A300 项目一样，不顾一切地参与空客 A320 项目。当时，西德迫切需要工业资源，法国和英国作为合作伙伴移交专有技术的空客 A300 项目被视为建设西德航空航天工业的绝佳方式。"参见 Arthur Reed，"British, Germans Ponder Their A320 Participation," *Air Transport World*，September 1981，p. 38。

同时展开了发动机和机体研发①。设计考虑因素在很大程度上取决于相关国家航空公司的偏好，这意味着飞机的载客量将减少到 250 人，并采用其他（主要是美国）机型上使用的部件，从而降低航空公司的维护和库存成本。由于这些设计理念的变化，早期的空客 A300B 飞机有接近 50％的美国制造比例。空客 A300B 配备了由斯奈克玛公司组装的GE 公司的 CF6 - 50 发动机，发动机上西德和法国的制造比例大约为 35％。

尽管联合体内部的生产技术转移（主要是从法国向西德参与方的转移）仍然很重要，但是空客联合体不再将欧洲商用飞机和发动机技术的进步作为核心目标。在这方面，1969 年之后的空客项目与许多欧洲合作军用飞机项目形成鲜明对比。大多数军用飞机项目追求卓越的性能和技术目标，相比之下，空客 A300B 的研发时间更短、成本更低。英国退出后，政府对空客项目的直接干预程度降低，空客公司也开始建立独立的行政组织结构——由法国人员主导，参与国政府具有否决权。

在空客项目发展的第三阶段，即 20 世纪 70 年代中期，法国政府及其国有机体制造商法国宇航公司开始动摇。法国政府和法国宇航公司高管与美国飞机制造商就研发一款比空客 A300B 小的短程飞机进行了谈判。法国方面表示希望保持本国飞机制造业的就业率和技术能力，为此需要研发一款新飞机，才能利用法国宇航公司尚未充分利用的设计和生产能力。正如 20 世纪 70 年代中期的一篇报道所述：

　　　　即使空客销售速度加快，并最终研发出 A300 的新型号，该项目本身也不足以充分利用法国所有的商用客机研发和生产资源。

---

① 海沃德（Hayward）估计，英国退出空中客车联合体使英国零部件产业损失了超过3.5 亿美元的订单（*Government and British Civil Aerospace*，p. 95）。

这些资源大多集中在法国宇航公司的飞机部门,由于工作量减少,该部门今年面临裁员和剩余员工工作时间缩短的问题①。

除了担心机体生产和设计能力的利用率之外,法国政府还急于寻找一款可以使用 CFM56 发动机的飞机,该发动机计划于 20 世纪 70 年代后期投入使用。正如英国机体和发动机制造商之间产生目标冲突,从而导致英国减少对空客项目的投入一样,在评估多个独立和联合研发项目时,法国也开始在美国机体和发动机制造商、空客合作伙伴,以及(偶尔在)英国飞机制造业之间摇摆周旋。1977 年法国政府和麦道公司签订水星 200 的合作协议,引起了空客公司法方合作伙伴的广泛关注。

在经历了与麦道公司的协议失败,成功向美国东方航空出售空客 A300,以及向美国空军出售 CFM56 发动机用于 KC－135 加油机之后,空客公司迈入了一个新阶段。该联合体优化并扩展了产品线,加强了产品支持能力,英国也重新加入联合体。法国政府重新投入空客联合体,与 CFM56 最终占领市场密切相关,后者降低了要为该发动机研发一款新飞机的需求。而英国政府重新加入空中客车联合体,则反映了英国机体和发动机制造商的利益逐渐趋于一致。

对于空客公司来说,1981 年至 1982 年,公司推出空客 A310 及同步优化和扩展空客 A300 产品线,是具有重大战略意义的决定,有效推动了空客联合体致力于生产系列化飞机,满足差异化的不同细分市场。1980 年之前,对空客 A300 的设计更改形成了几款高度相似的初始设计改型。1982 年,空客公司推出了空客 A300－600 远程飞机和空客 A310 飞机(210～220 座级宽体飞机),确保空客公司能够为不同细分

---

① Robert Ropelewski, "Mercure 200 Pact Sparks Uproar," *Aviation Week and Space Technology*, August 23, 1976, pp. 12 - 13.

市场生产两款大致相似的飞机。1981 年之前,空客 A300 的一系列设计改型,有效减少了空客 A300 系列每个型号的细分市场。但到了 1986 年,由于拥有三款甚至可能是五款飞机的产品系列(空客 A300 - 600、空客 A310、空客 A320,以及更长航程的空客 A330 和空客 A340),空客公司大幅扩展了业务,并增强了整个产品线对目标客户的吸引力。空客联合体扩大产品线的部分原因可能是管理层的独立性增强,政府控制的力度有所减弱。

1979 年,英国决定重新加入联合体以参与生产空客 A310,并决定参与空客 A320 项目,这对空客联合体的长期发展前景是有利的。虽然希望与美国机体制造商合作的罗-罗公司同希望与空客联合体合作的英国宇航公司之间仍然存在冲突,但若干因素缓解了这种紧张关系。首先,空客 A300 - 600 和空客 A310 飞机可选择使用罗-罗公司的发动机(RB211 - 524),这是空客公司做出的一项技术更改,也是英国重新加入空客联合体的条件[①]。其次,在波音公司和英国宇航公司围绕 757 项目的谈判破裂后,英美公司合作研发机体的动机也就不复存在了。最后,罗-罗公司参与了 V2500 发动机研发项目,空客 A320 飞机成功推出,公司将直接受益,这增强了空客公司对于英国政府的吸引力。

4.4.2　评估

在欧洲高技术产业合作动荡的环境下,空客公司能够生存下来,这本身就是一项巨大的成就。与欧洲其他高技术合资企业相比,空客公司实现了跨欧洲的合作,并且其产品的技术水平与美国产品旗鼓相当。空客公司的成功在很大程度上归因于一个事实,即自主发展本国飞机制造业超出了任意一个欧洲国家政府单独的财政能力。在这方面,飞

---

①　尽管有售,但配备罗-罗发动机的空客 A300 - 600 或空客 A310 飞机没有获得订单。

机制造业与电子或电信产业截然不同,空客公司项目取得的政治成功并不预示着欧洲信息技术研究发展战略计划(ESPRIT)或"尤里卡计划"(EUREKA)项目的欧洲合作会成功。然而,空客公司也受益于其管理组织的结构,该结构的独立性逐步增强,不再依赖于发起国政府和成员企业。

尽管在政治和技术上取得了成功,空客合资企业却尚未取得商业成功。按照空客 A300 飞机的研发成本估算,公司必须售出 350～400 架飞机才能收回各合作伙伴的初始投资。截至 1982 年底,空客仅交付了 200 架空客 A300,据预测到 1990 年,空客 A300 的总销量是310～320 架,远低于估算的盈亏平衡点[①]。尽管对空客 A310 和 A320销量的悲观预测可能并不准确,但也表明,对于政府参与方而言,无论是过去还是现在,参投空客公司均不是一个成功的金融投资项目[②]。

然而,财务收益只是投资评估标准之一。组建空客合资企业的动机很大程度上源于欧洲政府出于国家安全和经济发展的考虑,希望保持强大的飞机设计和生产能力。空客公司是实现目标的一个手段,因此,正如 NASA 或美国国防部投资进行航空科研一样,不能狭隘地仅从经济角度对空客公司进行评估[③]。

预测空客联合体产品销量不高的部分原因在于,该联合体管理生产波动以满足市场需求的能力有限。由于政府为空客公司提供财政支

①　参见 Wolfgang Demisch, Christopher C. Demish and Theresa L. Concert, *The Jetliner Business* (New York: First Boston Corporation, 1984), p. 39。

②　对于空中客车工业公司的公共投资规模的估算差异很大,但美国贸易代表办公室的估算显示,在 1968 年至 1982 年,空客公司获得了总计近 25 亿美元的补贴。参见 Paul R. Krugman, "The U. S. Response to Industrial Targeting," *Brookings Papers on Economic Activity* 1 (1984), pp. 77 - 102, p. 116。

③　空中客车工业公司几个目标的非经济性显而易见。尽管如此,美国飞机制造商和空中客车联合体在评估投资和生产决策时采用了不同的标准,前者的商用飞机研发项目没有获得直接的公共支持,后者的研发工作获得了大量的公有资金,这给贸易政策的制定带来了异常困难的问题。

持的一个主要原因是保持或提高熟练工人就业率，因此该联合体裁减和雇佣人员的权力有限。近年来，空客公司无法快速交付空客A300-600和空客A310飞机，因而波音公司从中受益。波音公司具备更强的生产能力，并且能够在不付出严重经济代价的情况下，大幅调整生产速率[①]。

空客联合体依赖成员企业在机体设计和生产的不同方面的专业化能力。英国企业设计并制造了飞机的机翼；西德参与方专注于机身部段的制造和组装；法国参与方负责大部分的驾驶舱和机身设计及总装。这种专业化分工限制了空客联合体在内部进行大量技术转移。此外，随着各国参与者变得越来越专业化，参与空客公司对于他们保持总体设计和系统集成能力而言效果不佳[②]。各参与国政府就英国参与空客A320项目进行的谈判所涉及的一个关键问题是，英国强烈希望承担更多技术复杂的驾驶舱设计和制造任务，包括计算机、航电设备和先进通信技术[③]。

---

① "订单迅速增加导致一些欧洲人开始批评空中客车工业公司，称其生产速率太低，阻碍了空中客车联合体获得财务成功。这些批评者认为，美国竞争对手，即生产速率更高的波音公司，可以承诺更快交付……"空客公司的官员认为他们已经制定了合理的计划。他们认为，生产计划过多会带来灾难性的财政损失。欧洲的人力规划涉及特殊问题。一位官员说："如果我们突然发现不能提供足够的工作量时，我们不能只给员工们两周的工资，然后告诉他们回家待业。裁员意味着根据所在国家的法律支付数月的工资。"参见 Edward Bassett，"Airbus Gears for Production Increase，"*Aviation Week and Space Technology*，Novermber 12，1979，p. 56。

② Beteille 指出，空中客车联合体率先使用了一种新的制造技术，即机身大部分部段提前组装至完成状态，并在位于图卢兹的总装厂简单地"插入"，从而使参与者企业能够获得各种任务经验，他说："基本要求是'社会'性质，即所有合作伙伴参与全部任务非常重要……从而产生了'插入式'最终装配线的概念，与交付的'准备就绪'的大型子组件相匹配……"虽然新颖，但这种战略只是最大限度地扩大了装配范围，而不是参与公司企业承担的设计任务，因此最多只是算部分解决方案。参见 Roger H. Beteille 在国际航空运输协会发表的题为"Developing Aircraft through Joint Venture Programs"的演讲。

③ "继续生产机翼在此(伦敦)被视为非常基础的技术，承担新型客机前端的设计和制造责任将会有更多更高的要求。""生产机翼还意味着英国人将获得比目前多得多的设备，这样英国设备和航空电子行业将更有能力打破他们一直抱怨的法国同行和竞争对手对于空客A300和A310飞机的控制。""设计全新的客机驾驶舱和前端也有助于保持英国设计团队的团结……"参见 Reed，"British，Germans Ponder，"p. 38。

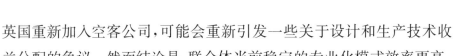

英国重新加入空客公司,可能会重新引发一些关于设计和生产技术收益分配的争议。然而结论是,联合体当前稳定的专业化模式效率更高,仍由法国宇航公司主要负责驾驶舱相关工作。

4.4.3 总结

空客公司的案例阐明了关于合资企业组织和管理的一些常见主张:缩减产品线存在危险;在某些情况下需要技术先进或财力雄厚的合作伙伴;在其他情况下由强大自主的成员实体对合资企业进行管理十分重要。空中客车工业公司的发展还表明:在管理或商业可行性,以及技术转移和学习之间,可能存在潜在冲突。

空客公司设立自主的管理结构非常重要,原因至少有两个。此前英法通过空客联合体进行合作,过程中存在许多冲突和合作破裂的情况,在很大程度上反映了这样一个事实,即两国政府类似于一家合资企业中生产竞争产品的两个合作伙伴。"附属于"英国政府的罗-罗公司已有独立研发的产品(RB211 - 535 和 RB211 - 524),这些产品可能会与合资企业的产品存在间接竞争。例如,客户购买的是配备 CF6 发动机的空客 A300B,而不是配备罗-罗发动机的 L - 1011 或波音 747。英国政府一贯倾向于保护英国发动机制造商的利益,而不是机体制造商的利益,因此在 20 世纪 70 年代后期之前,英国对加入空客联合体不感兴趣。选择 RB211 - 524 作为空客 A300 - 600 的发动机,减少了空客公司飞机销售对于罗-罗发动机销售构成的潜在威胁,从而增加了英国政府参与空客联合体的积极性。尽管如此,英国政府在销售罗-罗发动机(为波音 757 和 747 飞机提供动力)方面的利益与空客公司销售空客 A300 - 600 和 A310 飞机方面的利益之间可能存在巨大冲突。因此,必须在联合体的管理组织内部培养一支强大、独立的市场和销售人员队伍[①]。

在英国重新加入空客公司之后，设计和工程问题也最好由一个自主的组织负责处理。空客 A300B 是由技术实力悬殊的法国和西德企业合作设计，而空客 A310 和 A320 则是由技术能力相当的英国和法国企业合作研发，未来机型也可能再采用这样的合作方式。如果这样，将设计的领导权交给某家企业可能会带来一些难题，对此最为有效的解决方法是交由拥有自主权的管理团队负责。核心合作企业的管理层很难达成共识，也因此阻碍了麦道与福克、萨博与费尔柴尔德之间的合作。

将空客公司和此前研发协和飞机的英法合资企业的组织结构进行对比，给我们带来一些启发[②]。尽管协和飞机项目持续时间长且复杂，但该项目一直没有成立自主的管理结构。协和飞机项目的日常管理由英国和法国的主制造商负责，而高层监督由协和管理委员会负责，该委员会由来自法国宇航公司和英国飞机公司的高级管理人员组成。结果协和飞机项目经历了与 MDF100 项目和萨博-费尔柴尔德合资企业非常类似的情况——设计和管理纠纷不断，造成项目进度延迟，而两家

---

① 在联合体内部关于英国否决权的讨论中，空中客联合体车的其他合作伙伴提出对于英国政府可能会发现自己陷入利益冲突的情况表示担忧。空中客车联合体的主要欧洲合作伙伴害怕英国行使否决权的一个例子是，一位消息人士说："假设他们拥有这些权利，有两个可能的交易，一个是出售空客 A310 飞机，另一个是出售采用了罗-罗公司发动机的波音飞机。英国人可能会使用否决权，比如在空客 A310 飞机的价格问题上行使否决权，从而顺利达成出售采用了罗-罗公司发动机的波音飞机的交易……"(*Aviation Week and Space Technology*，"Veto Issue Stalls A310 Talks," October 9，1978，p. 26)在这种情况下，英国确实获得了关于空客 A310 飞机的所有决定的完全否决权。

② 霍克默思和费尔德曼简要介绍了协和飞机合资企业的发展结构和问题；Beteille 从空中客车工业公司高级经理的角度提供了关于空客公司管理组织的有趣讨论。参见 Milton S. Hochmuth, "Aerospace," in Raymond S. Vernon, ed. *Big Business and the State* (Cambridge, Mass.: Harvard University Press, 1974); Elliot J. Feldman, *Concorde and Dissent* (Cambridge, Mass.: Harvard University Press, 1985); 以及 Beteille, "Developing Aircraft"。

"合作"企业的高级管理层都想介入,导致情况更加恶化。撇开其他不谈,英法在设计工作上未能充分协作,在协和飞机项目的最初两年,英国参与方设计了一款远程飞机,法国参与方设计了一款中程飞机①。

协和飞机项目和空客飞机项目之间的一个区别在于,协和飞机项目是在严格的成本分摊基础上开展的。最初的英法协议明确规定,两国将平摊所有研发和生产成本,这种约定对控制成本的约束(激励)不强,造成了整个项目成本急剧上升:研发成本从 1962 年最初估算的约 4.5 亿美元增加到 1964 年的 7.7 亿美元,到 1996 年增长为 14 亿美元,1978 年则升至 40 亿美元②。相比之下,空客公司是独立的经济利益集团(groupement d'interêt économique),意味着它和合作伙伴之间的关系类似于主制造商和供应商之间的关系,只有在采购飞机部件和组件时,公司才会签署固定成本合同。因此,空客合作企业希望尽量降低成本,这与协和飞机项目截然相反③。协和飞机合资企业也没有事先设定关于任何一方的退出程序,这一疏忽导致英国在陷入灾难性财务困境后较长时间内仍然持续投资协和飞机项目。空客联合体则制订了合作企业的退出程序,迄今为止,仅英国使用过该程序。

空客联合体的发展历史也表明,通过组建合资企业提高参与方技术能力的做法本身就存在管理上的困难。1969 年英国退出后,空客联合体设计理念改变,意味着相比研发一款采用更先进设计的新款欧洲发动机和欧洲部件(而非美国部件)的飞机,研发这款欧洲飞机(即空客

---

① 确定飞机名称的正确拼写是不断签订备忘录和进行谈判的原因,英国人更喜欢拼写没有"e"的名称。1967 年 12 月,威尔逊内阁航空部长安东尼·韦奇伍德·本(Anthony Wedgewood Benn)在一次公开演讲中宣布英国接受了法语拼写的飞机名称的决定,这从侧面反映了高级政治人物直接参与公司最底层管理问题的程度。

② 参见 Feldman, *Concorde and Dissent* 和 David Henderson, "Two British Errors: Their Probable Size and Some Possible Lessons," *Oxford Economic Papers* 29, 1977。

③ CFM 国际公司和国际航空发动机公司在与合作企业交易时都采用类似的采购程序。

A300B)的技术溢出效应和学习效应将更小。尽管先进技术战略的学习优势更大，但是会导致困难增多、成本增加和研发延迟等问题，因此，空客公司决定研发采用标准部件（大部分是美国生产）的简单设计。英国退出后，这个相对并不那么雄心勃勃的战略的吸引力得到增强，英国也能从尽量采用欧洲部件的政策中受益。

空客联合体合作伙伴之间日益专业化的分工也减少了该联合体内部的技术转移。不具优势的企业可能无法提高其设计和系统集成能力，专业化对优势企业的保持战略也会产生影响。即使是技术先进的参与方，他们负责的特定领域之外的设计和工程能力也可能被削弱。加入空客联合体原本能增加各成员企业发展或保持足够广泛和成熟的技术能力的机会，支持企业作为主制造商跻身飞机设计和制造领域，但联合体运营对管理提出的要求会削减这种机会，尽管如此，法国、西德和英国政府已经通过空客联合体实现了维持飞机制造业就业率、产能利用率及有限的技术和工程能力。

4.5　结论

如第3章的案例研究，本章仅对一小部分工业化国家和新兴工业化国家实施的飞机制造业发展政策进行了探讨。此外，不同国家的战略之间存在明显差异，并且有时一国之内不同企业的战略也存在重大差异，例如瑞典。除了空客公司和巴西外，这些战略由于实施时间较短，效果尚未完全显现，因此很难评估这些合资企业对有关国家飞机制造业竞争力产生的影响。

本章讨论的案例清楚阐明了赶超战略和保持战略的不同之处。赶超战略旨在支持一个国家发展其飞机制造业。保持战略旨在保持一国已经具备(通常是军用)的机体和发动机的设计和制造能力。尽管许多企业,包括瑞典、英国和法国的企业,已经通过组建合资企业实施了保持战略,但其效果尚不明晰。空客公司内部对专业化合作的要求及该联合体先前的保守技术政策(主要体现在空客 A300 - B2 和 A300 - B4 机型的研发过程中),降低了参与方通过组建合资企业保持其先进飞机设计和系统集成能力的效果。沃尔沃航空发动机公司追求的合资企业战略也强调高度专业化,但仍没有推动该公司提高发动机设计和制造水平,其战略在保持公司技术资产方面的效果有限。相比之下,萨博-斯堪尼亚公司选择通过组建合资企业保留其通用设计和系统集成能力,它不得不这样做,因为其飞机产品细分市场的特点是技术复杂性不高。但现在萨博-斯堪尼亚公司面临着合作伙伴退出合资企业的局面,这些影响可能导致该公司转向专业化参与合资企业。

实施赶超战略必须依赖合资企业吗?巴西飞机制造业的近期经验表明,合资企业绝不是发展强大国内机体制造业唯一的可行机制。飞机发动机和部件能够自由贸易,以及活塞、涡桨甚至涡扇飞机技术接口的稳定性,意味着通过许可实施进口政策,就可以支撑通勤和通用航空飞机制造商的发展,并不需要组建合资企业。然而,在没有大规模国内市场的国家,实施这种战略的代价极高。认识到巴西和日本国内飞机市场规模的不同,对于理解两国赶超战略的实施结果不同至关重要。

虽然飞机和发动机技术跨国流动的具体形式丰富多样,但是利用国际技术流动来发展本国的飞机制造业,需要的远不止是简单地进口可拆卸的组件和装配部件。企业想要跻身全球飞机或发动机制造业,首先需要发展出足够强大的设计和管理能力,从而作为主制造商进入该产业,或者发展发动机或机体某个特定部件的设计、试验和制造方面的专业能力。各国及其国内企业多以专业化参与或一般性参与的方式进入该产业,但采取的战略差异性很大。通过合资企业和其他渠道进行技术转移，需要对国内研究、研发和教育设施进行大量公共和私人投资，从而发展机体和发动机设计和生产技能。

合资企业如何有效转移技术和其他必要知识，从而支持企业以专业化参与或一般性参与的方式进入飞机制造业？波音767、国际航空发动机合资企业中日本参与者的经验及巴航工业依赖本土（非国外）技术能力等案例表明，合资企业不是转移关键技术的主要渠道。技术领先企业的动机和合资企业的管理要求，均不利于通过公司间的合作来充分发展设计和工程能力，无法支持企业以主制造商的角色进入全球机体或发动机产业。而通过参与合资企业发展专业化能力似乎是可行的。美外合资企业给美国飞机制造业带来的任何外国竞争不太可能威胁到主制造商，但是可能对零部件供应商产生威胁。通过现有合资企业转移的关键技术是零部件设计和制造技术，而不是机体设计和系统集成技术。美国飞机制造业的第二梯队由零部件和组件生产商组成，他们首当其冲地承受着外国飞机制造业能力提升带来的竞争压力。

第 5 章
结论和政策的影响

5.1 国际合资企业会对美国商用飞机的竞争力构成威胁吗？

　　只要商用飞机的核心技术不变，机体和发动机各自内部、机体和发动机之间零部件接口就将保持高度的稳定性。关键的核心技术是发动机和材料，只要涡扇发动机仍然是主流的推进系统，只要金属仍然是主流的飞机结构材料，这种稳定性就保持得住。这就意味着，随着外国企业技术和生产能力的大幅提升，美国企业能够从外国采购更多零部件，并让国外企业承担更多特定机型的设计任务。合资企业是获得这些任务和零部件的主要渠道，但不是唯一渠道。此外，合资企业也不是将设计和生产技术从美国转移给外国企业的唯一渠道。不管合资企业的作用如何，从长远来看，随着外国企业的技术水平不断提高，飞机零部件的国际贸易不断扩大，商用飞机制造业必将面临更加激烈的国外竞争。

　　尽管技术的稳定性（即商用飞机没有发生重大技术变革），使得美国企业更容易从外国制造商那里获得设计服务和特定零部件，但是仅有少数企业具备设计、系统集成、营销和产品支持过程所需的管理能力，它们大多数是美国企业。管理和系统集成能力的集中，生产和零部件设计能力的分散，加上产品研发成本飞涨，几种因素的共同作用，成为通过产品研发类和制造类合资企业交换无形资产的最大动因。（各

国政府)对高技术产品贸易的正式和非正式限制(例如政府要求签署抵销贸易协议或获得其他经济利益,作为外国企业进入本国市场的先决条件),为美国企业寻求外国合作伙伴共同研发和生产飞机提供了额外的动力。

尽管商用飞机产业出现诸多合资企业,是该产业的一些特定因素导致的,但在美国的许多行业,研究类、产品研发类和制造类的国内外合资企业数量也都有所增加。美国企业之间的研究合作很普遍,并且日益增加,大学和工业界之间的研究合作也是如此。很多行业中的美国企业越来越依赖外部技术创新①。信息处理和通信技术正在彻底改变许多美国企业的管理方式,也促进了处于不同发展阶段的技术从美国企业外部向企业内部转移。这一现象在设计密集型的飞机制造业尤为突出。总之,有些推动合资企业数量增加的因素仅适用于商用飞机产业,有些因素则影响了整个美国工业界。

推动全球经济和飞机技术发展的根本原因,也促进了美国商用飞机产业中合资企业数量的增加;即使没有美国政府的干预,合资企业的数量和重要性均有可能不断增加。事实上,现有的几家飞机和发动机合资企业,例如空客公司、波音公司与日本合资企业及 CFM 国际公司,很可能会长期合作下去,并在未来研发出更多的飞机和发动机。同时,机体或发动机的技术换代,例如,低成本的无导管风扇涡轮螺旋桨发动机、机翼和机身采用更多复合材料,或者具有商业价值的超声速客机,均可能带来商用飞机技术的重大变革。美国企业技术水平快速进步,会对外国企业产生不利影响,这些企业本来可以熟练设计和生产匹配其当前技术水平的发动机或机体的零部件,在美国产品面前,它们将突

---

① 许多行业正面临着研发成本和风险快速增长以及材料、分子生物学和信息处理技术的重要性日益增加的局面。这些行业的公司寻求外部研究专业能力,从而以比发展内部能力更加迅速和低廉的方式掌握新技术。

然发现自己的技术不再适用①。因此，商用飞机非渐进式的技术变革可能会暂时减缓美国企业对合资企业日益增长的依赖。尽管如此，斯奈克玛公司参与 GE 公司的 UDF 发动机项目，以及 JADC 参与波音 7J7 项目所产生的技术转移，可能足够支撑这些外国企业参与未来涡轮螺旋桨发动机和机体研发项目。

政策制定方和相关人士担心这些合作项目未来会对美国商用飞机产业的竞争力构成威胁，这应该是过虑了。虽然外国竞争对手的实力通过与美国企业组建合资企业得到了提升，但短期内，美国主制造商不会受到威胁。通过合资企业转移的技术，不足以支撑外国企业在不到几十年的时间内作为主制造商进军该产业②。

外国企业也不太可能单纯出于财务原因，独立进军商用飞机产业，此举的成本和风险都太高，在财务上并不合算。过去二十年，一些技术能力远超大多数潜在外国竞争者的美国和外国企业都被迫退出该产业。此外，外国政府通常愿意为参与合资的本国企业提供全部或部分成本的支持，但很少有政府愿意冒险提供大笔资金支持单独一家本国的冠军企业独立进军商用飞机产业。

美国主要发动机和机体制造商的发展前景似乎相当光明，虽然他们越来越依赖与外国合作伙伴组建合资企业，这势必导致第二梯队的美国供应商和航空航天业分包商面临更多的外国竞争。外国企业通过与美国主要制造商成立合资企业，获得了零部件和其他组件的生产相

---

① 当然，反之亦然。例如，日本飞机和材料公司在使用复合材料的飞机设计和制造方面的重大突破，可能改变日本对美国飞机制造业的相对竞争力。此外，鉴于许多外国公司参与合资企业的核心动机是技术转移，美国和外国公司之间突然扩大的技术差距可能会让外国公司更加渴望参与合资企业。

② 即使不是主承包商，企业也可以通过合资企业获得足够的技术和其他能力，取代美国企业成为合资企业中实力相当的合作伙伴。因此，竞争压力可能会增加，但目前还没有证据表明出现了美国企业被取代的情况。

关专业知识。而许多美国供应商同时为军用飞机生产零部件。因此，商用飞机和发动机领域中的合资企业活动水平升高，最终可能会降低美国国内企业为维持军用飞机采购和生产准备所需的技术水平和生产能力。

本章探讨了商用飞机产业中合资企业重要性日益增加，将对私营部门管理人员和公共部门决策者产生哪些影响。第3章的案例研究，主要为管理人员提供了关于合资企业的组织和管理方面的经验教训。这些新形式的企业间合作也对美国的贸易和产业政策产生了影响。虽然美国政府政策影响了美国企业建立合资企业的动机，出口管制也直接影响了几个项目，但是，如果要制定审查或监管政策，对所有通过合资企业来开展的技术转移进行管制，这似乎并不现实，而且会损害美国的长期经济利益。美国已经有一个审查程序，国防部对通过合资企业所开展的技术转移实施了限制。尽管如此，美国商用飞机产业政策在推动美外企业组建合资企业方面起到的作用仍值得我们仔细研究。

5.2　合资企业的组织和管理

第3章中讨论的合资企业（包括第4章中讨论的空客公司）类型多样，包括由初级合作伙伴分担一部分工装或其他研发成本的风险分担分包关系、由高级合作伙伴全面管理的项目，以及拥有大量员工和较大自主权的独立公司实体。合资企业能否成功，没有组织形式方面的唯一标准，影响合资企业商业成功的变量远远超出项目管理的范畴。尽管如此，麦道公司和萨博-斯堪尼亚公司遇到的问题，以及空客公司、CFM国际公司和波音合资企业的成功经验（这里指产品的成功推出，而不是盈利能力），都启示我们根据合作企业的技术和财务状况来调整一个合适的合资企业结构，这是至关重要的。

如果参与合资的企业在技术和财务上实力相当，如 V2500 项目和空客联合体两个例子，就少不了要设立一个独立的管理机构，来控制整体设计、营销和生产决策。独立的管理机构虽然成本高，但降低了解决争端的难度，并最大限度地减少了合作研发的产品与合作方自身独立生产的产品之间可能出现的利益冲突。有时候，董事会成员与任一合作企业都没有关系，就能确保其能代表合资企业的利益做决策，而不是代表合作企业的（潜在冲突的）利益。

合资企业中，让具有技术优势的合作伙伴担任次要角色，是很不明智的，例如水星 200 项目中的麦道公司。一个设计方案，如果从技术方面看没问题，且又能实现商务上的利益，则该设计方案的可行性就会显著提高。而 CFM 国际公司的经验表明，相反的论述是不正确的（也就是说如果技术方面存在问题，即使看起来有利可图，某个设计方案也不可取）。在 CFM 国际公司中，合作伙伴的财务贡献相当，掩盖了 GE 公司在联合体大部分总体设计、生产、营销和产品支持业务中的主要作用。因此，在确定合资企业适用的组织结构时，首先应该考虑的是技术优势或劣势，而非合作伙伴的财务贡献程度。

技术实力悬殊的公司组建合资企业，例如波音公司与 JADC 或 CFM 国际公司，是以公司无形技术资产的直接交换为基础，如用技术换取市场准入。这种交换会形成强大的凝聚力，在一定程度上降低了管理和组织结构问题带来的影响。明确指定技术优势合作伙伴负责统筹项目管理、设计和营销，意味着这些合资企业不用对管理有太高要求（降低了合资管理的难度）。尽管如此，技术转移作为将合作伙伴联系在一起的纽带，其本身就是一个非常微妙的过程，技术优势合作伙伴在管理时要拿捏好尺度，既要避免造就一个强劲的竞争对手，又得能让技术实力较弱的公司愿意继续参与合作。不过此类合资可以为技术优势合作伙伴带来巨大的经济效益：贡献生产经验或负责项目总体管理不仅让他们获得了额外的费用回报，还能让公司技术能力组合中无法许可或出售的部分实现财务回报。这在波音767项目和CFM国际合资企业中体现得非常明显。

确定一家企业是技术领导者还是跟随者，对于确定合资企业的结构和目标十分重要，即使说起来容易做起来难，也必须做。在高技术产业，评估竞争对手的技术能力是制定公司战略的重要基础。此外，确定潜在合作伙伴的具体技术、财务和其他优劣势对于成功组建和管理合资企业也至关重要。如果选到不合适的合作伙伴（例如萨博-斯堪尼亚公司在SF340项目中选择了费尔柴尔德公司），将导致各方都付出高昂代价。

通过分析，管理结构和合作伙伴的选择显然是造成合资企业出现困境的关键因素，其他方面的原因尚不可知。第1章和第2章中的讨论表明，根据以往美国和欧洲在军用飞机合作和联合生产项目的经验，美国和欧洲企业之间会出现需要协调生产速率和生产安排的问题。由于福克公司不愿意临时增加工程人员，导致了负责MDF100项目的合资企业解散。波音767项目、CFM国际公司和SF340项目的例子说明，欧洲合作伙伴工装投资不足或对产量波动管理不善并不是问题。这么多合资企业中，费尔柴尔德飞机公司（一家美国企业）参与SF340项目可能是合资企业最大的一次管理和技术失败案例。

对于这些欧美合资企业而言，协调生产安排不是主要问题。可能出现协调问题的波音767项目和CFM国际公司并没有面临生产速率大幅波动的情况。上述问题未在民用飞机项目中出现，但在军用飞机项目中普遍存在，这可能反映了飞机产业军用和民用领域面临不同的市场环境，而非欧洲管理中存在很多固有的不灵活性。只要把谨慎且有效管理业务波动当作私有企业盈利至关重要的一件事，那么欧洲企业似乎也没遇到过大问题。尽管如此，产量波动管理一直是政府大力支持的空客联合体面临的一个突出问题，并已经影响了空客公司飞机的销量。因此，跨大西洋合作管理产量可能是未来将要面临的一个重要问题，但目前处于生产阶段的美外合资企业都尚未出现此问题。

现有合资企业都没有公开提出的一个问题是技术优势合作伙伴与技术劣势合作伙伴在技术转移量上的冲突。技术优势企业希望限制技术转移量，技术劣势企业希望尽可能多地增加技术转移量。鉴于管理可行性、效率及技术领导企业的动机，技术劣势企业往往会以专业化的方式参与合资，技术转移量也不高。对此，沃尔沃航空发动机公司已寻求在未来发动机研发项目中扮演一个潜在参与者的专业角色，萨博-斯堪尼亚公司也可能会在未来的一些合资企业中扮演一个更专业的角色。空客公司也呈现出合作企业专业化参与的特点。以专业化形式参与合资合作的，还有 V2500 项目中普惠公司和罗-罗公司的技术劣势合作伙伴，参与投资 CFM 国际公司的斯奈克玛公司，以及参与波音 767 合资项目的日本商用飞机公司。日本公司公开表示想尽可能参与大范围的研发、制造和营销活动，这与其专业化参与合资企业的实际情况存在冲突。尽管如此，无论是日本企业，还是这些联合体中的欧洲技术劣势合作伙伴均未退出合资企业或公开提出这个问题。许多欧洲企业显然默认扮演这种专业化角色，反映出这些企业将合资作为保持战略的基础，他们关心的重点是能稳定高技能人员和实现其高工资就业。然而，这个问题很可能是未来合资企业的痛点。

现有的合资企业并未将进入全球飞机或发动机产业所需的所有设计和管理技能进行转移。这一研究发现对于通过合资实施赶超战略、发展国内飞机产业的国家和企业而言，具有明确的启示意义。合资企业可以支持零部件和组件生产领域的就业率增长，这些领域具备许多国家所希望的知识密集型、高技能的特点。然而，依靠合资企业实施赶超战略的国家，无法在合理的时间内在本国形成大型商用客机主制造商所必须具备的设计和管理能力。同样，通过现有合资企业转移的通用设计和管理技能很有限，加上合资企业的分工又高度专业化，意味着国家和企业即使是通过合资实施保持战略，也可能无法全方位维持/获得其在本国开展所有军用和商用飞机设计和制造活动所需的设计和管理能力。

这些合资企业中的美国合作伙伴均获得了巨大的利益，除了费尔柴尔德公司和麦道公司。我们至少能举出一个案例，表明通过得到外国合作伙伴提供的大量资金，避免了整个研发项目被取消——斯奈克玛公司通过注资可能避免了 CFM56 项目的终止，而且事实证明参与双方均从该项目中获利，类似的案例肯定还有。

有一些研发项目，如果由一家企业单独出资和管理，可能早就被终止了，但是如果是合资项目，就有可能维持下去并走得更远。再考虑到企业各自研发的产品与合资联合研发的产品可能存在市场竞争，这就会引发一些有趣的问题。拥有外国合作伙伴可以有效降低将研发项目维持下去的成本，同时也将提高退出项目的成本，因为退出会产生谈判、合作伙伴赔偿等方面的费用。当然，在某些情况下，例如当联合研发的产品可能侵占一家公司独立研发且可能更有商业价值的产品的市场时，立即退出合资企业是最符合维护这家公司利益的做法。因此，合资企业倾向于维持研发项目是好坏参半的。有证据表明，美国和外国公司（MDF100 项目中的麦道公司和 JT10D 中的罗-罗公司）已经迅速退出了那些可能侵占自家产品市场的合资企业。这种侵占危险凸显了谨慎选择合资企业合作伙伴的重要性。

5.3　政策影响

由于商用飞机合资企业对美国或外国飞机和发动机产业的结构或竞争力将产生哪些重大影响尚未完全显现，因此本书很难给出明确的政策建议。根据目前的信息，可以给出两个方面的初步建议。美国基本不需要出台额外的政策来限制或控制合资企业和技术转移。但是，政策制定方必须认识到，过去三十年来，一系列影响深远的政策转变对美国商用飞机产业产生了累积效应，影响了美国国内外的军用和商用飞机市场。美国政策制定方需要评估飞机产业军用和商用领域现有联邦政策的总体框架和影响，而不是考虑如何在狭窄的限定领域实施更多的政策或举措。此外，合资企业对美国零部件供应商可能产生短期影响，可能需要对这些公司的技术发展给予更积极的支持。

受益于技术转移的外国企业很可能在不久的将来对美国发动机和机体的零部件与组件供应商构成竞争威胁。第二梯队供应商竞争加剧对参与合资企业的美国主制造商来说是有利的。但在多数情况下，第二梯队供应商规模相对较小，研发投入也较少，多年来一直按照主制造商的规格要求生产零部件。此外，这些供应商大多集中于美国的部分地区，特别是中西部工业区，受此影响，目前这些地区的制造业熟练工人的就业率已经在下降。

如果合资企业继续以目前的速度发展，那么第二梯队供应商可能面临严重困境，但这些公司也不是美国主制造商缺乏管理远见造成的无辜受害者。如第3章所述，很多时候，只有在美国本土供应商表示没有兴趣作为风险分担分包商或生产合作伙伴参与产品研发项目时，美国企业才会选择与外国企业接洽合资合作。

美国本土供应商不愿参与合资合作项目，不应夸大为（导致合资企业增加的)主要原因。美国制造商推出的发动机和机体采用合资企业所在国的本土产品，或者至少是欧洲和日本产品，对于其进入许多外国市场至关重要。因此，美国供应商参与这些研发项目无疑是起了辅助作用，而不是取代外国企业的参与。但美国供应商还是要为国际合资企业增加导致竞争更加激烈这一事实承担大部分责任。针对飞机产业合资企业的限制性贸易政策，不但会损害美国主要发动机和机体制造商的竞争力，也不一定能提高美国本土供应商作为风险分担合作伙伴参与未来研发项目的意愿。

尽管美国供应商将面临更加激烈的竞争环境，但研发项目中国际合作不断增加，推动了机体、发动机部件和其他零部件国际贸易的增长，也为美国供应商带来了巨大的利益。《民用航空器贸易协议》签订之后，国际贸易自由化，航空航天业出口实现快速增长。为减少跨国合资企业数量而采取限制性措施，肯定会招致报复，这反过来又会损害这些限制性措施原本打算帮助的美国国内企业。因此，短期而言，供应商是飞机零部件国际贸易自由化的受益者，但从长期来看，这些公司的利益可能因此受到损害。

面对飞机零部件领域日益激烈的外国竞争，贸易限制是一种无效且适得其反的应对措施。但联邦政策其他举措可能会在一定程度上恢复或保持美国供应商的竞争力。比如，重新分配军事预算和 NASA 提供的大量公共研究投资，将促使美国供应商更多地参与 NASA 和军方资助的研究项目。美国国家科学院最近发布的一份美国机床行业报告就表明，国防部的研究合同在接触和支持小型企业方面，是非常有限的①。

---

① 国防部支持的主要项目是制造工艺技术（Man Tech）项目，该项目主要资助制造工艺的研究。Man Tech 项目现在每年的经费近 2 亿美元，美国国家科学院在 1983 年的一份报告中对其进行了严格的评估，指明了该项目的长期研究方向，并指出难以将该项目中研发的技术转移给私有企业。国防部的另一个项目，工业现代化激励项目（IMP），与制造技术的应用有关。参见 National Academy of Sciences, "Committee on the Machine Tool Industry," *The Machine Tool Industry and the Defense Industrial Base* (Washington, D.C.: National Academy Press, 1983)。

例如，空军资助的飞机制造工艺技术项目（技术现代化项目，Tech Mod）很少涉及部件供应商。更多 NASA 和军方的研究资金应该用于能为这些供应商带来益处的研究项目。

飞机制造业供应商同时承担军用和商用飞机及发动机零部件生产任务，意味着更加激烈的外国竞争可能会降低美国工业满足国防需求的能力。国防工业基础是否因美外合资企业而受损？如果受损，合适的应对措施是什么？目前，对这方面的认识还相当不充分。同时，尚未收集到对国防工业基础健康状况进行严格分析所需的数据，也无法监测该工业基础实力的变化。兰德公司在 20 世纪 70 年代末就这一主题开展了几项研究，从中我们可以得到提一些有用的信息①。

杰尼斯·鲍姆布施（Geneese Baumbusch）等学者认为，几乎没有证据显示国防工业基础体系中，低层级供应商（包括美国商用和军用飞机产业）的实力有所下降，零部件供应商的数量或生产能力足以满足美国和平时期或战时的需求②。这些学者还指出，国防部采购方面的问题是导致国防工业低层级梯队供应商退出的最重要诱因，主要问题是美国军方对零部件竞争性采购的支持不足。鉴于过去五年国防支出实际大幅增长，几乎可以肯定，当前国防工业基础比 20 世纪 70 年代后期更加强大。合资企业可能会动摇这一工业基础，但这种影响尚不明显。在巩固国防工业基础方面，改变美国国防部采购政策比提供市场保护产

---

① 参见 G. Baumbusch and Alvin J. Harman, *Peacetime Adequacy of the Lower Tiers of the Defense Industrial Base* (Santa Monica, Calif.: The Rand Corporation, 1977)，以及 G. Baumbusch, P. D. Fleischauer, A. J. Harmah, and M. D. Miller, *Defense Industrial Planning for a Surge in Military Demand* (Santa Monica, Calif.: The Rand Corporation, 1978)。

② 最近一项关于军事抵销贸易对航空航天工业基础影响的跨机构粗略研究也得出如下结论：快速增援能力目前足以满足任何动员需求。参见 the U. S. Office of Management and Budget, *Impact of Offsets in Defense-Related Exports* (Washington, D. C.: Office of Management and Budget, 1985)。

生的回报更大。

虽然通过合资企业进行技术转移一直受到限制,但显然技术转移的步伐并没有停止。美国企业的(合资合作)活动,导致国外飞机制造业正在逐步建立飞机的生产能力。假设这些企业行为的长期(30～50年)后果有损美国利益,那么有哪些合适或有效的举措能够改变美国主制造商的行为？想要解决这个问题,就必须考虑美国在相关领域的政策,比如:影响美国企业参与外国合资企业动机的反垄断政策,还有美国军用飞机抵销贸易和联合生产的政策,美国对国内飞机和发动机制造商获得国外金融支持的贸易政策,以及外国政府的"定向采购"。

美国反垄断政策在激励(美国主制造商)与外国公司组建合资企业方面究竟发挥什么作用,这是一个较难回答的问题。很显然,反垄断政策与美国供应商不愿意作为风险分担分包商参与主制造商的研发项目并没有关系。美国反垄断政策仅仅与美国主制造商之间的合资企业相关。此类合资企业涉及的是技术实力相当的公司之间的合作,不像存在技术差距的合资企业,可以利用技术差距实施技术转移。因此,反垄断政策只能影响商用飞机产业中一小部分的潜在合资企业活动。此外,几乎没有证据显示,美国哪一家主要的机体或发动机制造商有兴趣与另一家美国主制造商展开合资合作。

然而,从美国企业在飞机发动机市场的表现来看,美外合资企业确实没有像美国公司之间组建的合资企业一样,受到司法部的严格审查。过去三年,美国两家飞机发动机制造商都与罗-罗公司组建了合资企业,以减少竞争。1984年,GE公司和罗-罗公司签署协议,宣布合作研发高涵道比涡轮风扇发动机,此举使5万～6万磅推力发动机细分市场的竞争对手仅剩两家公司:GE公司(罗-罗公司在CF6-80发动机及其衍生产品的研发和生产中占15%的份额)和普惠公司(PW4000发动机制造商)。在中型发动机(推力为3.5万～4.5万磅)领域,GE公司同意与罗-罗公司合作，在 RB211 - 535 项目中占有 15% 的份额①。目前，在该发动机细分市场，普惠公司(生产 PW2037 发动机)仅面临来自罗-罗公司的竞争。同时，普惠公司与罗-罗公司在 V2500 项目合资企业中展开合作，这样一个由美国企业和罗-罗公司组建的联盟，减少了 2.5 万磅推力发动机细分市场的竞争压力。此外，正如第 3 章所述，罗-罗公司和日本 JAEC 决定与普惠公司结成联盟，这意味着罗-罗公司放弃了 RJ500 这一个发动机自主研发项目，该项目可能支持罗-罗公司独立进入该发动机细分市场②。

　　在飞机、发动机或其他产业中，如果类似合作协议的合作方都是美国公司，很难想象司法部会批准合作。普惠公司和 GE 公司(两家美国公司)不管在哪个发动机细分市场结成联盟，都会招致司法部的挑剔审查，而且很可能会遭到军方和国会的强烈反对，尽管普惠公司与 GE 公司联盟、罗-罗与 GE 联盟、普惠与罗-罗联盟所产生的影响是一样的。虽然缺乏直接证据，但是基本可以得出这样的结论：司法部反垄断司对美外(罗-罗公司)合资企业的审查，比对美国公司之间合资企业的审查更加宽松。在一个高度一体化的全球市场中，比如机体和发动机的全球市场，美国司法部做出这种区分对待，显得并不合理。这种区分对待将鼓励美国企业与国外企业，而非国内合作伙伴组建合资企业，从而

①　在本书付印时，GE 公司和罗-罗公司之间的协议作废，主要是因为罗-罗公司不愿意放弃与 GE 公司竞争英国航空公司于 1986 年 8 月下的大型发动机订单。面对 GE 公司的竞争，罗-罗公司赢得了英国航空公司近 10 亿美元的发动机订单(罗-罗 RB211 - 524)。然而，协议作废并不影响关于司法部在 1984 年对协议进行审查的争论。

②　显然，所有关于组建普惠公司与罗-罗公司合资企业有利条件的评估均受到了一些假设的严重影响，这些假设涉及可能独自推出 RJ500 发动机，以及普惠公司可能会独自推出同等推力级别的新发动机。尽管如此，普惠公司与罗-罗公司的合资企业可能存续长达 30 年，又授予国际航空发动机公司巨大的市场权力，这均表明该合资企业可能不符合 Willig 和 Ordover(1985)为分析研发类合资企业和合并情况制定的相对宽松的标准。参见 James A. Ordover and Robert D. Willig, "Antitrust for High-Technology Industries: Assessing Research Joint Ventures and Mergers," *Journal of Law and Economics* 28, 1985, pp. 311 - 33。

导致技术加速向外国公司转移,损害美国的长期经济利益。除了这一点,美国的反垄断政策对该产业大多数合资企业的活动几乎没有影响。

在集中度很高的产业中,技术实力相当的公司组建的合资企业,也可能通过合并不同产品线来减少行业竞争。20世纪20—30年代,美国、英国和德国的主要化学品公司成立了一个研究类合资企业网络,跨石化和合成品行业形成了国际卡特尔(垄断利益集团),可能减少了合成橡胶等先进技术的传播①。由于全球市场高度统一及各大公司之间缺少专利组合重叠的情况,发动机或机体领域的市场竞争不太可能以类似的方式(即合并产品线)予以限制。尽管如此,潜在的反竞争行动(即垄断趋势)还是可能出现,对国际竞争(尤其是喷气发动机领域的国际竞争)进行仔细的反垄断审查仍然十分必要。

贸易政策显然会影响美国企业与外国企业组建合资企业的动机。如果外国政府向本国企业提供大量补贴,并强制政府相关部门(以及政府控制的航空公司)采购包含了大量使用本土产品的飞机,那么寻求国外资本或市场准入的美国企业,将不得不争取外国企业成为研发项目的合作伙伴。此外,如果美国企业必须与获得大量补贴的外国企业展开竞争,可能也别无选择,只能通过寻求其他外国合作伙伴,来获得更多公共资金支持。对于导致美国企业倾向选择外国合作伙伴的外方政府政策,美国的贸易政策都应采取针对性的措施。美方想要解决这些问题,对于如何利用美国的贸易政策及《关税与贸易总协定》(GATT)来说,都非常困难,因为这些政策工具历来重点关注的是关税,而非其他扭曲贸易的政策。然而,目前大多数制成品的关税都很低。因此,贸

---

① George Stocking 和 Myron Watkins 在 *Cartels in Action*(New York: Twentieth Century Fund, 1946)中详细介绍了国际卡特尔。Vernon 在"Coping with Technological Change: U. S. Problems and Prospects"一文中指出了通过现代国际合资企业进行合作的可能性。该论文于1986年2月在华盛顿特区举行的美国国家工程院世界技术和国家主权研讨会上发表。

易谈判一再陷入对可接受和不可接受政策的拉扯之中。由于许多外国政府主要关切的是结果（工业发展）而不是特定类型的行为，因此美方可以通过制定新的政策来规避限制。

政府为国内企业的研发成本提供补贴和直接采购的做法，都是《民用航空器贸易协议》所禁止的。《关税与贸易总协定》的独特之处在于它属于多边国际协定，并且涵盖针对单一行业的贸易惯例。事实上，《关税与贸易总协定》在飞机制造业的适用范围有限，只适用于大型商用客机和发动机。尽管《关税与贸易总协定》没有规定具体的强制执行机制，并因未能防止滥用而饱受诟病，但美国公司仍然可以从几个方面中获益：一是该协定导致飞机零部件贸易的大幅增长，使美国企业，包括第二梯队企业获益；二是该协定相当详细地规定了飞机产业可接受和不可接受的贸易惯例，从而为执行其他领域少见的公平贸易政策提供了一个基础。

这项多边国际协定对美国飞机零部件出口的积极影响，与汽车行业双边贸易限制政策的效果，形成了鲜明的对比。汽车行业的双边贸易限制政策似乎并没有带动外国汽车使用更多的美国零部件。此外，随着日本汽车制造商越来越多地依靠对外直接投资进入美国市场，他们的零部件供应商正在将生产能力转移到美国。全球汽车产业越来越多地使用双边配额制度，对美国汽车零部件供应商造成的损害比飞机合资企业对飞机制造业供应商造成的损害更为严重。尽管多边贸易协定行业覆盖范围有限，但是似乎比覆盖范围同样有限的双边贸易协定具有更大的优势。由于高技术产业具有动态性，并且非关税壁垒对这些产业发展可造成巨大影响，因此其他高技术制造业的多边协议谈判也值得美国和其他国家政府深入思考。谈判是对更广泛贸易对话的补充，可在多边、多行业谈判之后的回合中进行。

外国政府会向本国公司提供研发资金，特别是经常为飞机和发动机研究提供资金;但与联邦政府每年仅仅通过NASA这一个渠道为航空和推进领域研究提供的支持水平相比,这些国外政府支持的力度就已经是相形见绌了①。外国政府通常将资金直接用于特定项目,强力支持产品研发活动。受到《民用航空器贸易协议》的影响,这种外国政府财政支持越来越多地采取贷款的形式,而不是直接拨款。美国的政策一直反对(其他国家)通过研发补贴支持本国产品,与利用私有资本研发的美国产品展开竞争。美国贸易官员近年来确实大幅增加了对外国政府为其本国企业提供财政支持的审查。但是,一些外国政府一直将支持其国内高技术产业和就业视为重要的政策目标,因此虽然面临美国施压,这些政府也不太可能放弃对这一目标的追求。(来自美国的)持续压力可能会压制外国政府公然的"滥用"行为,但在可预见的未来,这种相互对抗依然会很严重。

外国政府对产品研发提供的财政支持,包括了对以供应商和分包商身份与美国企业组建合资企业的欧洲和日本企业提供补贴,从而有效地抵付美国公司产品研发项目的部分成本。鉴于先进技术能力对美国企业至关重要,在应对外国政府加大航空研发支持力度方面,美国能采取的一个最有效的应对措施就是加大NASA对民用航空研究的支持。最近提议的关于超声速和高超声速客机的研究计划,有可能与目前NASA在空间运输和航空领域的一些单项研究计划形成互补,从而大大增加其在航空研究方面的投入。

合资企业和飞机产业的国际化也给出口相关的金融机构(例如美

---

① 参见 B. Chandler, R. Golasewski, C. Patten, B. Rudman and R. Scott, *Government Financial Support for Civil Aircraft Research, Technology, and Development in Four European Countries and the United States* (Washington, D. C.: NASA, 1980),其中作者比较了1974年至1977年荷兰、英国、法国和西德对民用航空领域研发的资助。这项研究的结论是,这些国家的民用航空研究预算加起来不到美国民用航空研发年度支出的40%。

国进出口银行)带来挑战①。随着美国飞机和发动机中外国产品比例的增加，外国出口金融机构在支持这些对美国就业有重大影响的产品的销售方面，发挥着越来越大的作用。当然，由于外国飞机同样采用了很多美国产品，因此美国出口金融机构也可能会影响对其他国家(主要是欧洲国家)就业产生重大影响的产品的销售。

这种复杂情况使进出口银行陷入一个两难的局面。进出口银行为可能配备英国发动机(罗-罗 RB 211 - 535)的波音 757 飞机提供了融资支持，而空客 A300 - 600 和 A310 均可能配备美国普惠公司或 GE 公司生产的发动机(分别为 PW4000 或 CF6 - 80)，进出口银行却未提供出口销售支持。虽然进出口银行为波音 757 出口提供的出口融资有利于提高美国机体产业的就业率，但是其不为空客飞机的销售提供支持，导致美国飞机发动机产业的就业率有所下降。

总的来说，这些对就业无论是正面还是负面的影响都不算太大，更比不上对使用美国发动机的美国机体出口产生的正面影响(例如，配备 PW4000 发动机的波音 747)。回过头来看，目前的政策在出口领域确实是具有双面效应，有利于某一些产业，不利于另一些产业。与汽车等行业越来越难以界定如何采用国内产品的限制条件一样，商用飞机产业的国际化使得以公平方式对待本国产业的出口融资政策实施起来更加复杂。

飞机和其他产业国际化造成的出口融资政策困境，对贸易政策的其他方面也产生了影响。尽管美国政府强烈反对空中客车联合体成员国政府向空客公司提供财政援助，但是由于空客工业公司需要使用美国零部件和发动机，因此这些援助间接提高了美国的就业率。出口配

---

① 这一讨论借鉴了 J. B. L. Pierce 于 1986 年 5 月 14 日在华盛顿举行的美国国家航空协会会议上发表的题为"The Global Airplane"的论文。

备罗-罗发动机的波音飞机为美国创造的就业机会,很可能多于销售配备美国发动机和零部件的空客飞机所提供的就业机会,但是这个估算也并不可靠,飞机制造所采用的国内外产品的数量也会随着时间推移而发生变化。贸易政策制定部门在处理能够获得跨国融资和为多国提供就业岗位的产品时,并非具有十足的把握。目前来看,最可能实现的目标是,工业化国家的出口融资机构和其他行业发展机构就出口融资和其他形式的财政支持的共同原则达成一致。然而,现实是就连这些基本原则也难以达成一致,经济合作与发展组织(OECD)成员国之间关于出口融资方式的"共同"谈判正好说明了这一点。

难以达成一致的部分原因是通过合资企业进行的技术转移数量有限,还可以使用替代政策工具来抵消这些合资企业对美国飞机制造业的不良影响,因此联邦政府似乎没有必要对美国企业的合资企业的活动进行广泛监督或直接控制。此外,美国国防部已经对大量合资企业活动和技术转移进行了直接监督。如第3章所述,国防部对推进技术领域的监督最为严格,这种监督也可能扩展到航电设备、显示技术和计算机飞行管理系统,这些领域都受益于大量的军转民技术溢出效应。为控制技术转移,国防部需要对美国和外国企业开展的初步讨论进行审批,但这并未阻止CFM56项目及另外两家合资企业(V2500和JT10D)的成立。虽然这些控制措施增加了研发成本,但是美国企业完全能够承担这些成本。

然而,由于这种控制的影响远远超出了国防的范畴,国防部在做决策时,应考虑其他联邦机构的关注点,衡量更多的相关因素。例如,控制CFM56发动机核心机研发的动机,很大程度上源于这项技术的研发成本主要由军方承担。虽然采取一些收回研发成本的举措是合适的,但无论是美国国防部,还是美国纳税人,都没有从全面禁止组建使用这些技术的合资企业这一禁令中受益。此外,禁令不能阻止先进技术流向国外,特别是因为采用这些技术的飞机就在全球各地运营。因此,禁止通过合资企业转移军转民技术在很多时候并不现实。允许民用技术的出口,却禁止通过合资企业转移这些技术(如在 CFM56 项目中),这在逻辑上说不通。如果一定要防止特定技术落入潜在对手的手中,则应全面禁止转移这些技术的任何渠道,包括产品出口或将技术应用在海外运营的美国飞机上。如果无法做到这一点,则应该允许组建利用这种技术的合资企业,特别是考虑到美国企业希望尽量减少最先进技术的批量转移。

美国对具有潜在军事用途技术转移的政策是不一致的。美国国防部一方面对许多合资企业中的军转民技术转移实施控制,另一方面又通过支持国防采购中的"互谅互让"原则,鼓励或授权向外国公司转移军事技术。美国和其他北大西洋公约组织(NATO)盟国最近就"战略防御计划"(Strategic Defense Initiative)达成的协议可能会导致更多军事技术的试验数据和设计规范被转移。这项政策产生了一种奇怪的组合,一方面控制民用技术的出口,另一方面又正式鼓励或授权向外国企业转移军事技术。

出于技术和财务两个方面的原因,美国和外国的发动机与飞机制造商组建合资企业变得很有吸引力。美国政府在过去三十年所执行的政策对这两个因素都产生了影响。军事联合生产项目推动了外国公司零部件生产和设计能力的发展。NASA 和美国的军事研究项目,以及对国内航空运输的管制加快了美国飞机制造业的创新步伐。美国军用和民用航空研究预算总额远高于日本或欧洲的任何类似项目。公共基金甚至多次被用于拯救濒临倒闭的美国飞机制造商。最近,对美国飞机及采用大量美国产品的外国飞机的出口管制,也影响了美国飞机、发动机和零部件在欧洲和其他地区的市场。

综合考虑上述所有因素,对航空产业采取"不干涉"的联邦政策是不现实的。美国的政府政策对该产业的方方面面都产生了影响。关键问题在于,联邦政府针对飞机制造业的各种政策工具是否需要协调一致,从而让美国在利用好合资企业的同时能够保持住自身的技术优势,促使美国产品继续渗透到国外市场,为美国公司提供抵御创新风险的手段,同时防止美国就业机会的大规模外流。组建合资企业导致美国飞机制造业就业机会外流的问题尚不严重。此外,组建合资企业导致研发和制造的每架飞机或每台发动机所带来的美国就业机会减少,必须与出售更多这些产品所创造的潜在就业机会相平衡。促使行业内供应商和主制造商之间加强合作的政策,以及提高供应商技术能力的计划,均有助于防止该领域的工业基础受到侵蚀。禁止组建合资企业是不现实的。美国政府应该制定创造性的政策,来增加组建合资企业对美国飞机产业和劳动力的好处。技术——尤其管理好技术的创造成果以及技术在新飞机和发动机中的应用——是美国在商用飞机产业保持竞争优势的基础。针对飞机制造业合资企业数量增加所带来的影响,美国政府公有部门和相关企业的私有部门的政策应专注于技术的创造和管理,而非试图阻止技术的扩散。

参考文献

Aerospace Industries Association, Foreign Competition Project Group, Commercial Transport Aircraft Committee. *The Challenge of Foreign Competition*. Washington, D. C. : Aerospace Research Center, 1976.

Aerospace Industries Association. *Aerospace Facts and Figures* 1983/84. New York: McGraw-Hill, 1983.

_____. *Aerospace Facts and Figures* 1984/85. New York: McGraw-Hill, 1984.

"Airbus Views 7 – 7 Pact As Response to A32O." *Aviation Week and Space Technology*. March 26, 1984, 32.

"Aircraft Industry: Tomorrow's Pterodactyls?" *The Economist*. May 30, 1981, 3 – 12.

Alchian, Armen A. , and Harold Demsetz. "Production, Information Costs, and Economic Organization. " *American Economic Review 62* (1972): 777 – 95.

"Anglo-Japanese Engine Go-Ahead Awaits 150-Seat Aircraft Decision. " *Aviation Week and Space Technology*. November 2, 1981, 26 – 27.

Arrow, Kenneth J. "Economic Welfare and the Allocation of Resources for Invention. " In *The Rate and Direction of Inventive Activity*. Princeton: Princeton University Press for the National Bureau of Economic Research, 1962.

Bacher, Thomas J. "International Collaboration on Commercial Programs?"Paper presented to a conference sponsored by the Society of Japanese Aerospace

Companies, Tokyo, Japan, 1983.

Baranson, Jack. *North-South Technology Transfer: Financing and Institution Building*. Mt. Airy, Md. : Lomond, 1981.

_____. *Technology and the Multinationals*. Lexington, Mass. : D. C. Heath, 1978.

_____. "Technology Transfer through the International Firm." *American Economic Review* 60 (1970): 435 – 40.

Bassett, Edward W. "Airbus Gears for Production Increase." *Aviation Week and Space Technology*, November 12, 1979, 56 – 58.

Baumbusch, Geneese, and Alvin J. Harman. *Peacetime Adequacy of the Lower Tiers of the Defense Industrial Base*. Santa Monica, Calif. : The Rand Corporation, 1977.

Baumbusch, Geneese, Patricia D. Fleischauer, Alvin J. Harman, and Michael D. Miller. *Defense Industrial Planning for a Surge in Military Demand*. Santa Monica, Calif. : The Rand Corporation, 1978.

Beavis, Simon. "JAS 39: Sweden Forges Ahead." *Flight International*, May 25, 1985, 41 – 44.

Becker, Gary. "A Theory of Marriage." In *Economics of the Family*. Edited by T. W. Schultz. Chicago: University of Chicago Press for the National Bureau of Economic Research, 1974.

"Beech Acquires Mitsubishi Diamond Program." *Aviation Week and Space Technology*, December 9, 1985, 26.

Beteille, Roger H. "Developing Aircraft Through Joint Venture Programs." Paper delivered at the International Air Transportation Conference, Atlantic City, AIAA – 81 – 0794, 1981.

"The Big Deal McDonnell Douglas Turned Down." *Business Week*, December 1, 1980, 81 – 82.

Bluestone, Barry, Peter Jordan, and Mark Sullivan. *Aircraft Industry Dynamics: An*

Analysis of Competition, Capital and Labor. Boston: Auburn House Publishing, 1981.

Boeing Commercial Airplane Company. *Potential Boeing-Japan Aircraft Industry Cooperation in Commercial Aircraft*. Seattle, Wash. : BCAC, 1984.

"Boeing Considers Two Configurations for 7J7 Advanced Technology Transport. " *Aviation Week and Space Technology*, January 27, 1986, 32.

"Boeing, Japan Near Decision on 7 - 7 Work Share. " *Aviation Week and Space Technology* January 23, 1984, 30.

Booz, Allen, and Hamilton Applied Research, Inc. *A Historical Study of the Benefits Derived from Application of Technical Advances to Commercial Aviation*. Paper prepared for the joint Department of Transportation-National Aeronautics and Space Administration Civil Aviation R&D Policy Study. Washington, D. C. : U. S. Government Printing Office, 1971.

Bowen, Harry P. "Changes in the International Distribution of Resources and Their Impact on U. S. Comparative Advantage. " *Review of Economics and Statistics* 65 (1983): 402 - 14.

Brodley, Joseph F. "Joint Ventures and Antitrust Policy. "*Harvard Law Review* 95 (1982): 1523 - 90.

Brown, David A. "Short Brothers, Saab-Scania Join Boeing 7J7 Program. " *Aviation Week and Space Technology*, March 31, 1986, 32 - 33.

Bush, Vannevar. *Science——The Endless Frontier*. Washington, D. C. : U. S. Government Printing Office, 1945.

Carroll, Sidney L. "The Market for Commercial Airliners. " In *Regulating the Product*. Edited by R. E. Caves and M. J. Roberts. Cambridge, Mass. : Ballinger Publishing Co. , 1975.

Caves, Richard E. *Multinational Enterprise and Economic Analysis*. Cambridge: Cambridge University Press, 1982.

Caves, Richard E. , H. Crookell, and J. P. Killing, "The Imperfect Market for

Technology Licenses." *Oxford Bulletin of Economics and Statistics* 45 (1983): 249 – 68.

Chandler, Alfred D., Jr. *The Visible Hand*. Cambridge: Harvard University Press, 1977.

Chandler, Beth, R. Golasewski, William C. Patten, Beverly Rudman, and R. Scott. *Government Financial Support for Civil Aircraft Research, Technology, and Development in Four European Countries and the United States*. Washington, D. C. : NASA, 1980.

Cohen, Wesley M., and David C. Mowery. "Firm Heterogeneity and R&D Investment: An Agenda for Research." In *Strategic Management of R&D: Interdisciplinary Perspectives*. Edited by Barry Bozeman, Michael Crow, and Albert Link. Lexington, Mass. : D. C. Heath, 1984.

Constant, Edward W. *The Origins of the Turbojet Revolution*. Baltimore, Md. : Johns Hopkins University Press, 1981.

Contractor, Farak J. "Licensing Versus Foreign Direct Investment in U. S. Corporate Strategy: An Analysis of Aggregate U. S. Data." In *International Technology Transfer*. Edited by C. Frischtak and N. Rosenberg. New York: Praeger, 1985.

Crane, Daniel M. "Joint Research and Development Ventures and the Antitrust Laws." *Harvard Journal on Legislation* 21 (1984): 405 – 58.

Crane, Keith, and Antoine Gilliot. "The Role of Western Multinational Corporations in Technology Exports: The Aircraft Industries in Brazil and Poland." Unpublished manuscript, The Rand Corporation, 1985.

Demisch, W. H., C. C. Demisch, and T. L. Concert. *The Jetliner Business*. New York: First Boston Corporation, 1984.

Dorfer, Ingemar. *System 37 Viggen: Arms, Technology, and the Domestication of Glory*. Oslo: Universitetsforlaget, 1973.

Douglas, George W., and James C. Miller. *Economic Regulation of Domestic Air*

Transport. Washington, D. C. : Brookings Institution, 1974.

Dunning, John H. *International Production and the Multinational Enterprise*. London: George Allen and Unwin, 1981.

_____ , and John A. Cantwell. "The Changing Role of Multinational Enterprises in the International Creation, Transfer and Diffusion of Technology." Paper presented at the International Conference on the Diffusion of Innovations, Venice, Italy, March 1986.

"Dutch, Swedes Use Innovative Financing." *Aviation Week and Space Technology*, September 6, 1982, 171 – 73.

"Eastern Lease, New Sales Bolster Airbus Prospects." *Aviation Week and Space Technology*, June 6, 1977, 234 – 41.

Eckelmann, Robert L. , and Lester A. Davis. *Japanese Industrial Policies and the Development of High Technology Industries: Computers and Aircraft*. Report prepared for the Office of Trade and Investment Analysis, International Trade Administration, U. S. Department of Commerce, Washington, D. C. : U. S. Government Printing Office, 1983.

Economic Planning Agency (Japan). *Japan in the Year 2000*. Translated by *The Japan Times*. Tokyo: *The Japan Times*, 1983.

"Europeans Ready Production Tooling." *Aviation Week and Space Technology*, May 2, 1977, 94 – 101.

"Fairchild Withdrawing from 340 Aircraft Project." *Aviation Week and Space Technology*, October 21, 1985, 23.

Feazel, Michael. "Large Engine Design Costs Dictate Consortium Efforts." *Aviation Week and Space Technology*, June 18, 1984, 108 – 09.

Feldman, Elliot J. *Concorde and Dissent*. Cambridge: Harvard University Press, 1985.

"Fiat Seeks Italian Government R&D for Civil Engines," *Flight International*, October 24, 1981, 1275.

Fink, Donald E. "Collaborative Transport Effort Weighed." *Aviation Week and Space Technology*, November 29, 1976, 12 – 13.

_____. "Economics Key to New Mercure Design." *Aviation Week and Space Technology*, February 7, 1977, 46 – 51.

_____. "Pratt, Rolls Launch New Turbofan." *Aviation Week and Space Technology*, November 7, 1983, 28 – 29.

"France Searching for Solutions to Continued Aerospatiale Losses." *Aviation Week and Space Technology*, April 19, 1976, 24 – 25.

Franko, Lawrence G. *Joint Venture Survival in Multinational Companies*. New York: Praeger, 1971.

Fraumeni, Barbara M., and Dale W. Jorgenson. "The Role of Capital in U. S. Economic Growth, 1948 – 76." In *Capital, Efficiency and Growth*. Edited by G. M. von Furstenberg. Cambridge, Mass.: Ballinger Publishing Co., 1980.

"French Pick U. S. Firm." *Aviation Week and Space Technology*, August 6, 1976, 12.

Frenkel, Orits. "Flying High: A Case Study of Japanese Industrial Policy." *Journal of Policy Analysis and Management* 3 (1984): 406 – 20.

"Fuel Pressure on Airline Costs Powers Increased Boeing Domination." *Air Transport Worlds*, March 1981, 20 – 29.

Gellman, Aaron J., and Jeffrey P. Price. *Technology Transfer and Other Public Policy Implications of Multi-National Arrangements for the Production of Commercial Airframes*. Washington, D. C.: NASA, 1978.

Ginsburg, Douglas J. *Antitrust, Uncertainty, and Innovation*. Washington, D. C.: National Research Council, 1980.

Grieco, Joseph M. *Between Dependency and Autonomy: India's Experience with the International Computer Industry*. Berkeley: University of California Press, 1984.

Grossman, Gene M., and Carl Shapiro. "Normative Issues Raised by International

Trade in Technology Services. " Working paper, Fishman-Davidson Center for the Study of the Service Sector, Wharton School, University of Pennsylvania, 1985.

Grossman, Gene M. , and J. David Richardson. "Strategic Trade Policy: A Survey of Issues and Early Analysis." *Special Papers in International Economics* ♯ 15. International Finance Section, Department of Economics, Princeton University, 1985.

Hadley, Eleanor M. "The Secret of Japan's Success. " *Challenge* 26 (1983): 4 - 10.

Hall, G. R. , and R. E. Johnson. "Transfers of United States Aerospace Technology to Japan. " In *The Technology Factor in International Trade*, edited by R. Vernon. New York: Columbia University Press for the National Bureau of Economic Research, 1970.

Harrigan, Kathryn R. "Joint Ventures and Competitive Strategy. " Working paper. New York: Columbia University Graduate School of Business, 1984.

_____. *Strategies for Joint Ventures*. Lexington, Mass. : D. C. Heath, 1985.

_____. *Managing for Joint Venture Success*. Lexington, Mass. : D. C. Heath, 1986.

_____. Hayward, Keith. *Government and British Civil Aerospace*. Manchester: University of Manchester Press, 1983.

Henderson, David. "Two British Errors: Their Probable Size and Some Possible Lessons. " *Oxford Economic Papers* 29 (1977).

Hirsch, Seev. "An International Trade and Investment Theory of the Firm. " *Oxford Economic Papers* 28 (1976): 258 - 69.

Hirshleifer, Jack. "The Private and Social Value of Information and the Reward to Innovation. " *American Economic Review* 61 (1971): 561 - 74.

Hladik, Karen J. *International Joint Ventures*. Lexington, Mass. : D. C. Heath, 1985.

Hochmuth, Milton S. "Aerospace." In *Big Business and the State*. Edited by R. S. Vernon. Cambridge, Mass.: Harvard University Press, 1974.

_____. *Organizing the Transnational: The Experience with Transnational Enterprise in Advanced Technology*. Cambridge, Mass.: Harvard University Press, 1974.

Hudson, Rexford A. "The Brazilian Way to Technological Independence: Foreign Joint Ventures and the Aircraft Industry." *Inter-American Economic Affairs* 37 (1983): 23 – 43.

Hymer, Steven H. *The International Operations of National Firms: A Study of Direct Foreign Investment*. Cambridge, Mass.: M. I. T. Press, 1969.

"Industry Observer." *Aviation Week and Space Technology*, September 21, 1981, 15.

"Japan Pushing Industry to Design New Engines." *Aviation Week and Space Technology*, June 28, 1982, 207 – 13.

"Japanese Doubts Rising Over F – 15, P – 3C." *Aviation Week and Space Technology*, June 6, 1977, 201 – 07.

"Japan's New Jet Fighter Will Be Homemade." *Business Week*, November 17, 1986, 82.

"A Jet Engine Creates an Unlikely Alliance." *Business Week*, September 13, 1982, 47.

Johnson, Chalmers. *MIT1 and the Japanese Miracle*. Stanford, Calif.: Stanford University Press, 1982.

"Joint U. S., Foreign Efforts Pushed." *Aviation Week and Space Technology*, February 2, 1976, 24 – 25.

Jones, Kent. "The Economic Implications of Restricting Trade in High-Technology Goods." Paper presented at the National Science Foundation Workshop on the Economic Implications of Restrictions to Trade in High-Technology Goods. Washington, D. C., October 3, 1984.

Jordan, William A. *Airline Regulation in America*. Baltimore, Md. : Johns Hopkins University Press, 1970.

Keeler, Theodore E. "Airline Regulation and Market Performance. " *Bell Journal of Economics* 3 (1972): 399 – 424.

Kendrick, John W. *Productivity Trends in the United States*. Princeton, N. J. : Princeton University Press, 1961.

_____ . *Postwar Productivity Trends in the United States*, 1948 – 69. New York: Columbia University Press, 1973.

Kindleberger, Charles P. *American Business Abroad: Six Lectures on Direct Investment*. New Haven, Conn. : Yale University Press, 1969.

Krugman, Paul R. "Import Protection as Export Promotion: International Competition in the Presence of Oligopoly and Economies of Scale. " In *Monopolistic Competition and International Trade*. Edited by H. Kierzkowski. Oxford: Oxford University Press, 1984.

_____ . "The U. S. Response to Foreign Industrial Targeting. " *Brookings Papers on Economic Activity* (1984): 74 – 121.

Lenorovitz, Jeffrey M. "Snecma, General Electric Consider Joint Development of Unducted Fan. " *Aviation Week and Space Technology*, February 25, 1985, 41 – 43.

_____ . "Snecma Takes Share of GE Unducted Fan, Talks with Rolls on Smaller Engine. " *Aviation Week and Space Technology*, May 27, 1985, 20.

_____ . "Airbus Industrie Considering Production Line Rate Increases. " *Aviation Week and Space Technology*, July 29, 1985, 29.

Lenz, R. C. , J. A. Machnic, and A. W. Elkins. *The Influence of Aeronautical R&D Expenditures Upon the Productivity of Air Transportation*. Dayton, Oh. : University of Dayton Research Institute, 1981.

Lorell, Mark A. *Multinational Development of Large Aircraft: The European Experience*. Santa Monica, Calif. : The Rand Corporation, 1980.

Lynn, Leonard H. *How Japan Innovates: A Comparison with the U. S. in the Case of Oxygen Steelmaking*. Boulder, Colo. : Westview Press, 1982.

Magaziner, Ira C. , and Thomas M. Hout. *Japanese Industrial Policy*. Policy Paper No. 15, Institute of International Affairs. Berkeley, Calif. : University of California Institute of International Affairs, 1980.

Mansfield, Edwin. "Technology and Technological Change. " In *Economic Analysis and the Multinational Enterprise* , edited by J. H. Dunning. London: Allen & Unwin, 1974.

———, Anthony Romeo, and Samuel Wagner. "Foreign Trade and U. S. Research and Development. " *Review of Economics and Statistics* 61 (February 1979): 49 – 57.

———, and Anthony Romeo. "Technology Transfer to Overseas Subsidiaries of U. S. -Based Firms. " *Quarterly Journal of Economics* 95 (December 1980): 737 – 50.

McCulloch, Rachel. "International Competition in High-Technology Industries: The Consequences of Alternative Trade Regimes for Aircraft. " Paper presented at the National Science Foundation Workshop on the Economic Implications of Restrictions to Trade in High-Technology Goods. Washington, D. C. , October 3, 1984.

"McDonnell Douglas/Fokker Cancel 150 – Seat Aircraft. " *Aviation Week and Space Technology* , February 15, 1982, 34.

Miller, Ronald, and David Sawers. *The Technical Development of Modern Aviation*. London: Routledge and Kegan Paul, 1968.

Ministry of International Trade and Industry, Industrial Structure Council. *The Vision of MITI Policies in the 1980s*. Tokyo: Industrial Bank of Japan, 1980.

Monteverde, Kirk, and David J. Teece. "Supplier Switching Costs and Vertical Integration in the Automobile Industry. " *Bell Journal of Economics* 13 (Spring 1982): 206 – 13.

Mowery, David C. "The Relationship between the Contractual and Intrafirm Forms of Industrial Research in American Manufacturing, 1900 – 1940." *Explorations in Economic History* 20 (1983): 351 – 74.

_____. "Economic Theory and Government Technology Policy." *Policy Sciences* 16 (1983): 27 – 43.

_____. "Firm Structure, Government Policy, and the Organization of Industrial Research: Great Britain and the United States, 1900 – 1950." *Business History Review* 58 (1984): 504 – 31.

_____. "Federal Funding of R&D in Transportation: The Case of Aviation." Paper presented at the National Academy of Sciences Symposium on the Impact of Federal R&D Funding, Washington, D. C. , November 21 – 22, 1985.

_____, and Nathan Rosenberg. "The Commercial Aircraft Industry." In *Government and Technical Progress: A Cross-Industry Analysis* edited by R. R. Nelson. New York: Pergamon Press, 1982.

_____. "Government Policy, Market Structure, and Industrial Development: The Japanese and U. S. Commercial Aircraft Industries, 1945 – 85." U. S. - Northeast Asia Forum on International Policy Occasional Paper. Sunford, Calif. : Stanford University Institute for Strategic and International Studies, 1984.

_____. "Competition and Cooperation: The U. S. and Japanese Commercial Aircraft Industries." *California Management Review* 27, 4 (1985): 70 – 82.

Moxon, Richard W. , Thomas W. Roehl, and J. Frederick Truitt. *Emerging Sources of Foreign Competition in the Commercial Aircraft Manufacturing Industry*. Washington, D. C. : U. S. Department of Transportation, 1985.

"MTU—German Funding for PW2037 Participation." *Military Technology*, June 1982, 81.

National Academy of Engineering. *The Competitive Status of the U. S. Civil Aircraft Manufacturing Industry*. Washington, D. C. : National Academy

Press, 1985.

National Academy of Sciences, Committee on the Machine Tool Industry. *The Machine Tool Industry and the Defense Industrial Base*. Washington, D. C. : National Academy Press, 1983.

National Academy of Sciences, Committee on the Role of the Manufacturing Technology Program in the Defense Industrial Base. *The Role of the Department of Defense in Supporting Manufacturing Technology Development*. Washington, D. C. : National Academy Press, 1986.

National Research Council. *Industrial Research Laboratories of the U. S. , 1940*. Washington, D. C. : National Research Council, 1940.

_____ . *Industrial Research Laboratories of the U. S. , 1946*. Washington, D. C. : National Research Council, 1946.

_____ . Committee on NASA Scientific and Technological Program Reviews. *Aeronautics Research and Technology: A Review of Proposed Reductions in the FYI983 NASA Program*. Washington, D. C. : National Research Council, 1982.

_____ . *International Competition in Advanced Technology: Decisions for America*. Washington, D. C. : National Research Council, 1983.

National Science Board. *University-Industry Research Relationships*. Washington, D. C. : National Science Foundation, 1983.

_____ . *Science Indicators —1985*. Washington, D. C. : National Science Foundation, 1985.

Nelkin, Dorothy, and Richard R. Nelson. "University-Industry Alliances. " Paper presented at the Conference on New Alliances and Partnerships in American Science and Engineering, National Academy of Sciences, Washington, D. C. , December 5, 1985.

Nelson, Richard R. "Government Stimulus of Technological Progress: Lessons from American History. " In *Government and Technical Progress: A Cross-*

Industry Analysis, edited by R. R. Nelson. New York: Pergamon Press, 1982.

_____. "Assessing Private Enterprise: An Exegesis of Tangled Doctrine." *Bell Journal of Economics* 12 (1981): 93 – 111.

_____, and Sidney G. Winter. *A Behavioral Theory of Economic Change*. Cambridge, Mass. : Harvard University Press, 1982.

"New Efforts Task Japanese Firms." *Aviation Week and Space Technology*, October 2, 1978, 31 – 33.

Newhouse, John. *The Sporty Game*. New York: Knopf, 1983.

"News Digest." *Aviation Week and Space Technology*, February 24, 1986, 31.

North, David M. "Beech Weighs Mitsubishi Purchase as Entry to Corporate Jet Market." *Aviation Week and Space Technology*, September 9, 1985, 24 - 25.

Office of Science and Technology Policy. *Aeronautical Research and Technology Policy*, vol. 2, *Final Report*. Washington, D. C. : Executive Office of the President, 1982.

Okimoto, Daniel I. *Pioneer and Pursuer: The Role of the State in the Evolution of the Japanese and American Semiconductor Industries*. Stanford, Calif. : Northeast Asia-United States Forum on International Policy, 1983.

O'Lone, Richard G. "Boeing Cools on Cooperative Programs." *Aviation Week and Space Technology*, June 6, 1977, 218 - 19.

_____. "United's Purchase Launches 767." *Aviation Week and Space Technology*, July 24, 1978, 14 - 16.

_____. "New Efforts Task Japanese Firms." *Aviation Week and Space Technology*, October 2, 1978.

_____. "Boeing Facing New Set of Challenges." *Aviation Week and Space Technology*, November 12, 1978, 43 - 55.

_____. "Japan Setting Higher Aerospace Goals." *Aviation Week and Space Technology*, November 21, 1983, 16 - 18.

_____. "Strong Commuter Market Leads Boeing to Acquire de Havilland." *Aviation Week and Space Technology*, December 9, 1985, 28 – 29.

Olsson, Ulf. *The Creation of a Modern Arms Industry: Sweden, 1939 – 1974.* Gothenburg: Institute of Economic History, Gothenburg University, 1977.

Ordover, Janus A., and Robert D. Willig. "Antitrust for High-Technology Industries: Assessing Research Joint Ventures and Mergers." *Journal of Law and Economics* 28 (1985): 311 – 33.

Parker, Elbert C. "Foreign Transfer of Technology: A Case Study of the GE/ SNECMA 10 – Ton Engine Venture." Professional Study #5378. Montgomery, Alabama: Air War College, 1974.

"Parley Defines British Role in Airbus." *Aviation Week and Space Technology*, October 30, 1978, 16.

Peck, Merton J., and Akira Goto. "Technology and Economic Growth: The Case of Japan." *Research Policy* 10 (1981): 222 – 43.

Penrose, Edith. *The Theory of the Growth of the Firm.* Oxford: Blackwell, 1959.

Phillips, Almarin W. *Technology and Market Structure.* Lexington, Mass.: D. C. Heath, 1971.

Pierce, John P. L. "The Global Airplane." Paper presented at the National Aeronautic Association meeting, Washington, D. C., May 14, 1986.

Piore, Michael J., and Charles F. Sabel. *The Second Industrial Divide.* New York: Basic Books, 1984.

Piper, W. Stephen. "The Agreement on Trade in Civil Aircraft." Written statement printed in Subcommittee on International Trade, U. S. Senate Committee on Finance, *Hearings on S. 1376*, 96th Congress, 1st session, 1979.

_____. "Unique Sectoral Agreement Establishes Free Trade Framework." *Journal of World Trade Law* 12 (1980): 221 – 53.

Rae, John. *Climb to Greatness*. Cambridge, Mass. : M. I. T. Press, 1968.

Rapoport, Alan. "A Macro Comparison of Civil Aviation and Civil Space R&D Projects among Major Industrial Countries during the 1970s. " Paper prepared for the Division of Policy Research and Analysis, National Science Foundation, 1982.

Reddy, Judith V. "The IR&D Program of the Department of Defense. " Peace Studies Program Occasional Paper ♯6, Ithaca, N. Y. : Cornell University, 1976.

Reed, Arthur. "Airbus takes Aim on the Future with Its New A300 - 600 Design. " *Air Transport World*. February 1981, 27 - 30.

_____. "British, Germans Ponder Their A320 Participation. " *Air Transport World*. September 1981, 37 - 40.

_____. "Fokker Moving Ahead with New P&W-Powered F27. " *Air Transport World*, August 1983, 19 - 25.

_____. "Fokker Moves Ahead on New Twinjet, Turboprop Programs. " *Air Transport World*, January 1984, 47 - 49.

_____. "Airbus A320 Launched with British Loan to BAe. " *Air Transport World*, April 1984, 17 - 18.

_____. "Airbus Talks about A320, Future Projects. " *Air Transport World*, May 1984, 33 - 37.

Reich, Robert B. "A Faustian Bargain with the Japanese. " *New York Times*, April 6, 1986, p. 2, section 3.

_____, and Eric D. Mankin. "Joint Ventures with Japan Give Away Our Future. " *Harvard Business Review* (March/April 1986).

Rich, Michael, William Stanley, John Birkler, and Michael Hess. *Multinational Coproduction of Military Aerospace Systems*. Santa Monica, Calif. : Rand Corporation, 1981.

Roland, Alex. *Model Research: The National Advisory Committee for Aeronautics*,

1915 - 58. Washington, D. C. : U. S. Government Printing Office, 1985.

"Rolls Confident of Major JT10D Task." *Aviation Week and Space Technology,* September 6, 1976, 109.

"Rolls-Royce Leaves JT10D Turbofan Development Program." *Aviation Week and Space Technology,* May 16, 1977, 17.

Ropelewski, Robert. "Mercure 200 Pact Sparks Uproar." *Aviation Week and Space Technology,* August 23, 1976, 12 - 13.

_____. "Europe Debates New Transport Designs." *Aviation Week and Space Technology,* November 7, 1977, 222 - 28.

_____. "Airbus to Develop Two A310 Versions." *Aviation Week and Space Technology,* September 4, 1978. 109 - 16.

Rosenberg, Nathan, Alexander Thompson, and Steven Belsley. *Technological Change and Productivity Growth in the Air Transport Industry.* NASA Technical Memorandum 78505. Springfield, Virginia: National Aeronautics and Space Administration, 1978.

Rugman, Alan M. *Inside the Multinationals: The Economics of Internal Markets.* New York: Columbia University Press, 1981.

Sarathy, Ravi. "High-Technology Exports from Newly Industrializing Countries: The Brazilian Commuter Aircraft Industry." *California Management Review* 27 (Winter 1985): 60 - 84.

Shifrin, Carole A. "Boeing Launches Long-Haul 747 - 400 with Northwest Order." *Aviation Week and Space Technology,* October 28, 1985, 33 - 34.

Shinohara, Miyohei. *Industrial Growth, Trade, and Dynamic Patterns in the Japanese Economy.* Tokyo: University of Tokyo Press, 1982.

"Short Brothers, Saab-Scania Join Boeing 7J7 Program." *Aviation Week and Space Technology,* March 31, 1986, 32 - 33.

"Small Firms Cooperate for U. S. Market." *Aviation Week and Space Technology,* September 3, 1984, 87 - 92.

Society of Japanese Aerospace Companies. *Aerospace Industry in Japan 1983 – 84*. Tokyo: SJAC, 1983.

Steiner, John E. "How Decisions are Made." AIAA Wright Brothers Lectureship in Aeronautics, Seattle, Washington, 1982.

Stobaugh, Robert B. "The Neotechnology Account of International Trade: The Case of Petrochemicals." *The Product Life Cycle and International Trade*, edited by L. T. Wells. Boston: Harvard Business School, 1972.

Stocking, George W., and Myron Watkins. *Cartels in Action*. New York: Twentieth Century Fund, 1946.

Stuckey, John S. *Vertical Integration and Joint Ventures in the Aluminum Industry*. Cambridge: Harvard University Press, 1983.

Teece, David J. *The Multinational Corporation and the Resource Cost of International Technology Transfer*. Cambridge, Mass.: Ballinger Publishing Co., 1976.

_____. "Towards an Economic Theory of the Multiproduct Firm." *Journal of Economic Behavior and Organization* 3 (1982): 39 – 63.

_____. "Technology Transfer and R&D Activities of Multinational Firms: Some Theory and Evidence." In *Research in International Business and Finance*, vol. 2, edited by R. G. Hawkins and A. J. Prasad. Greenwich, Conn.: J AI Press, 1981.

_____. "Capturing Value from Technological Innovation: Integration, Strategic Partnering, and Licensing Decisions." Paper presented at the International Conference on Diffusion of Innovations, Venice, Italy, March 1986.

Teplensky, Jill D. "Technical Exchanges Between the U. S. and Japan in the Pharmaceuticals Industry." Working paper, Graduate School of Industrial Administration, Carnegie-Mellon University, 1985.

Terleckyj, Nestor. "The Time Pattern of the Effects of Industrial R&D on Productivity Growth." Paper presented at the Conference on Interindustry

Differences in Productivity Growth, American Enterprise Institute, Washington, D. C. , October 11 – 12, 1984.

U. S. Civil Aeronautics Board. *Aircraft Operating Cost and Performance Report*, vols. I – XVII. Washington, D. C. : U. S. Government Printing Office, 1966 – 1984.

U. S. Congress, House Committee on Ways and Means. Subcommittee on Trade. *United States-Japan Trade Report*. 96th Congress, 2d session, 1980.

U. S. Congress, Senate Committee on Aeronautical and Space Sciences. *Policy Planning for Aeronautical Research and Development: Staff Report*. Washington, D. C. : U. S. Government Printing Office, 1966.

U. S. Department of Commerce, Panel on Invention and Innovation. *Technological Innovation: Its Environment and Management*. Washington, D. C. : U. S. Government Printing Office, 1967.

U. S. Department of Commerce, Bureau of Industrial Economics. *1982 U. S. Industrial Outlook*. Washington, D. C. : U. S. Government Printing Office, 1982.

U. S. Department of Commerce, Bureau of Industrial Economics. *1983 U. S. Industrial Outlook*. Washington, D. C. : U. S. Government Printing Office, 1983.

U. S. Department of Commerce, Bureau of International Commerce. *Japan: The Government-Business Relationship*. Washington, D. C. : U. S. Government Printing Office, 1972.

U. S. Department of Commerce, International Trade Administration. *An Assessment of U. S. Competitiveness in High Technology Industries*. Washington, D. C. : U. S. Government Printing Office, 1983.

U. S. Department of Commerce, International Trade Administration. *A Competitive Assessment of the U. S. Civil Aircraft Industry*. Washington, D. C. : U. S. Government Printing Office, 1984.

"U. S. -European Trade Talks Focus on Subsidy Issues. " *Aviation Week and Space Technology*, March 31, 1986, 36.

U. S. General Accounting Office. *Lower Airline Costs Per Passenger Are Possible and Could Result in Lower Fares.* Washington, D. C. : U. S. Government Printing Office, 1977.

U. S. General Accounting Office. *U. S. Military Co-production Agreements Assist Japan in Developing Its Civil Aircraft Industry.* Washington, D. C. : U. S. Government Printing Office, 1982.

U. S. General Accounting Office. *Trade Offsets in Foreign Military Sales.* Washington, D. C. : U. S. Government Printing Office, 1984.

U. S. International Trade Commission. *Certain Commuter Aircraft from Brazil.* Publication ♯1291, Washington, D. C. : U. S. International Trade Commission, 1982.

"U. S. Military Continues Push for NATO Armaments Cooperation. " *Aviation Week and Space Technology*, June 3,1985, 240 – 43.

U. S. Office of Management and Budget. *Impact of Offsets in Defense-Related Exports*, Washington, D. C. : Office of Management and Budget, 1985.

U. S. Senate Committee on Aeronautical and Space Sciences. *Policy Planning for Aeronautical Research and Development: A Staff Report.* Washington, D. C. : U. S. Government Printing Office, 1966.

Vernon, Raymond S. *Sovereignty at Bay.* New York: Basic Books, 1971.

_____. "International Investment and International Trade in the Product Cycle. " *Quarterly Journal of Economics* 80 (1966): 190 – 207.

_____. "The Product Cycle Hypothesis in a New International Environment. " *Oxford Bulletin of Economics and Statistics* 41 (1979): 255 – 67.

_____. "Coping with Technological Change: U. S. Problems and Prospects. " Paper presented at the National Academy of Engineering Symposium on World Technologies and National Sovereignty, Washington, D. C. , February 1986.

"Veto Issue Stalls A310 Talks." *Aviation Week and Space Technology*, October 9, 1978, 26.

Von Hippel, Eric. "The Dominant Role of Users in the Scientific Instrument Innovation Process." *Research Policy* 5 (1976): 212 – 39.

_____. "Transferring Process Equipment Innovations from User-Innovators to Equipment Manufacturing Firms." *Research Management* 8 (1977): 13 – 22.

Wilkins, Mira. *The Emergence of Multinational Enterprise: American Business Abroad from the Colonial Era to 1914*. Cambridge, Mass.: Harvard University Press, 1970.

_____. *The Maturing of Multinational Enterprise: American Business Abroad from 1914 to 1970*. Cambridge, Mass.: Harvard University Press, 1974. Williamson, Oliver E. *Markets and Hierarchies*. New York: Free Press, 1975.

Yoder, Stephen Kreider. "Japan is Abandoning Its Dream of Developing Airplanes Alone."*Wall Street Journal*, February 7, 1986, 34.

Yoshino, Michael. "Global Competition in a Salient High-Technology Industry: The Case of Commercial Aircraft." Paper presented at the Harvard Business School 75th Anniversary Colloquium, 1984.